大迫傑
走って、悩んで、見つけたこと。

文藝春秋

2018 Boulder
photographs by Suguru Osako

写真　松本昇大
構成　林田順子
ブックデザイン　番 洋樹
DTP制作　エヴリ・シンク

目次

はじめに

僕は人生の多くを走って過ごしてきました。最初は単純に走ることが楽しくて、誰よりも速くなりたいという気持ちだけでした。けれども、走り続けるということは、壁にぶつかったり、悔しい思いをしたり、悩んだり、ときには辛い思いをするということでもありました。そして、それらを乗り越えるための答えもまた、すべて走り続ける中で見つけてきました。

走るというのは孤独で、きつい作業です。まだまだ先は長いなと憂うこともあります。だからこそ走りきったときの喜びや達成感には格別のものがあるし、それは人生にも通ずるものだと思っています。

なかでもマラソンは僕に多くのことを教えてくれました。目指すゴールへと自分を導くためには、そこに至るプロセスが大切なことを学びました。ＳＮＳや情報が溢れている中で、走っている間は、それらのすべてから自由になって、自分自身とじっくりと向き合い、心の声を掘り下げていくことができるというのも、自分の頭で考え、答えを見つける力をつけられるのも、すべてマラソンの魅力だと思っています。

ナイキ・オレゴン・プロジェクトは世界と戦うために必要なことを教えてくれました し、コーチのピート・ジュリアンとはリスペクトし合える関係を築くまでになりました。

僕は過去を振り返ることは好きではないし、意味がないと思っている人間です。レースについて思い出すこともほとんどありません。けれどもこの本では、今一度自分を見つめ直し、僕が走ってきた中で見つけたこと、出会ったこと、現在の僕を形作っているものについて振り返ってみました。

もちろん、自分が導き出した答えのすべてが合っていたわけではありません。失敗したなと思うこともありました。今の自分が思っていることについても、数年経ってみたら全く変わっているかもしれません。それでも、自分と向き合い続けて出した答えは、何かしらの形で自分の糧となっていると信じているし、決して無駄にはならないと思っています。

そのことを知っているから、僕は今日も明日も走り続けているのです。

自分の道を選ぶこと。

僕は幼いときから、両親に「最終的に自分のことは自分で決めなさい」と言われてきました。高校を選ぶときには、親だけでなく、中学の先生からも「自分の目で見て、自分で決めなさい」と言われました。それが結果的には良かったと思っています。

ナイキ・オレゴン・プロジェクトに所属したことで、特別な道を選んできたと受け取られることも多いのですが、僕は常に自分にとってベストな道を選んできただけです。逆に僕から見たら、意外とみんな本来行くべきところに行けていないのではないかと感じています。

小学生のときは、仲の良い友達に誘われたのがきっかけで野球をやっていました。だけど毎年あった地元のマラソン大会などに出ているうちに、走ることの方が楽しくなってしまった。高学年になる頃には、野球の大会よりもマラソン大会を優先するようになっていました。

中学では陸上をやりたいと思っていたのですが、母校、町田市立金井中学校には僕が入学したとき陸上部がありませんでした。そこで、府中ACというクラブで練習を積んで、1年の夏頃からは八王子市立第四中学校の陸上部の練習に参加させてもらうようになりました。中学2年になって、母校に陸上部ができたのですが、夏からは清新《せいしん》ＪＡＣというクラブにも所属して練習をすることにしました。江戸川にある清新ＪＡＣに行くには自宅から片道1時間もかかるし、帰宅が21時、ときには22時を過ぎることもありました。もっと自宅に近いところにも陸上のクラブはあったのですが、同じレベルの選手がいるところで走りたいと思っていたので、遠いクラブに通うのも苦ではありませんでした。

僕は幼かったのであまり覚えていないのですが、陸上部がなかったことで一時は公式試合への出場が危ぶまれたり、色々と大変だったようです。そんな中、他校の先生方が練習に呼んでくれて、大会に出られるように協力を申し出てくださったり、両親が学校に掛け合ったりしてくれていたようで、それは本当に感謝しています。

僕自身はもともと陸上部がないことは知っていたので、学校の応援がなくても頑張れると思っていたところがありました。ただ、一方で子供心にも誰かと練習をした方がいいんだろうなとも思っていて、陸上部ができてからは、部活をメインとしながら、ポイント練習として清新ＪＡＣに通うという生活をしていました。

今でも感謝しているのは、顧問の先生がすごくうまく僕をコントロールしてくれたということ。一時は部活でもハードな練習をして、八王子四中にも行って、さらにクラブチームにも参加して、と週に3～4日も負荷の高い練習をしていたんです。それを見た先生が「これでは絶対に潰れてしまうから、とりあえず自分の中学の練習をメインにして、うまく棲み分けるようにしなさい」とアドバイスしてくれたんです。だけど週4回やっていたポイント練習が週2回になったら不安になりますよね。「どんどんやれ」と言われるのではなく、「そんなにやるな」と言われるわけです。もっと練習したいという気持ちがすごく強いのに、それを抑えないといけないということで、泣いていた記憶があります。中学生にとって、先生は絶対的で怖い存在ですよね。だから裏で練習することもなく、言いつけを守っていました。でもそのおかげで大きな怪我もせず、今も走り続けていられるんだと思っています。

中学3年生で3000mの東京都中学校記録をマークしたことなどもあり、高校へと進学するときは、いくつかの高校からお話をいただきました。その中から最終的に自分で長野にある佐久長聖高校に行くことに決めました。

佐久長聖を選んだのは、真面目に鍛錬するにはベストだと思ったから。他の高校はちょっとフレンドリーすぎたんですね。ある程度の厳しさを求めていたので、そういう雰囲気が僕の求めている環境なのかと考えたときに、合わないいんじゃないかと思ったんです。

小学生のときに、たしか野球部のコーチに「迷ったときは、苦しいだろうと思う道に行った方がいい」と言われたのを覚えていたことも影響していたと思います。

進路を選ぶにあたり、顧問の先生からは「それぞれの高校に何を聞きたいのかをちゃんと紙に書いて、自分で電話して質問しなさい」と言われました。佐久長聖には当時の中学記録保持者だった選手がいたのですが、その頃試合に出なくなって、色々な噂が飛び交っていたので「あの選手は最近走っていないですけど、大丈夫なんですか？」ということまで直接聞いてから決めました。

お話をいただいた高校への断りの連絡もすべて自分で電話をしました。そのときに人の意見に流されちゃいけない、自分で決めるべきなんだと学んだことがありました。スカウトのお話をいただいたある高校の監督が、見学に行ったときや、他の場所でお会いしたときに、すごく良い対応をしてくださったんです。だけど最終的に「佐久長聖に行くことにしました」とお伝えしたら、ちょっと間をおいてから、「あんまり大人をなめるんじゃないよ」と言われたんです。まだ中学生の子供ですから、そのときはすごくショックを受けました。それと同時に「選手には都合の良いことを言っていても、結局は自分たちのことが大事なんだ」と感じたんです。当時は怖かったけれど、今となっては良い経験だったと思っています。

高校卒業後は、実業団に行くつもりで、両角速先生（現・東海大学陸上競技部監督）にもそう伝えていました。僕がなぜ実業団に行きたかったかというと、当時、青森山田高校にいた同じ年の田村優宝選手が実業団に入るという噂を聞いていたからです。その頃は大学より実業団のレベルが高かった時代でしたし、先に強くなられたらどうしよう、彼に負けたくないという思いが強くて、実業団に行きたいと思ったんです。それを両角先生は見抜いていた。「お前は人が決めたから、決めるのか。大学は出た方がいいし、大学の4年間でしか学べないこともある。焦らずにゆっくりやりなさい」と言われたのを覚えています。両角先生からは東海大学を勧められましたが、結局僕は早稲田大学を選びました。

当時から言っていたことですが、僕は駅伝が好きではなかった。駅伝という種目に魅力があることはもちろん分かっています。でも輝いているのは自分じゃなくて学校であって、選手はただの使い捨てに過ぎないんじゃないかという思いが当時から今までずっとあるんです。だから駅伝だけに力を入れているような印象の大学には行きたくありませんでした。当時は強いメンバーが揃っていて、自分が挑戦できることが色々ありそうだという理由から、最終的に早稲田大学を選びました。ただ、高校生の僕は駅伝の先には何もないということは感じていたけれど、じゃあどうやって違うところを目指していくのかという具体的な道筋までは見えていませんでした。

大学1年で世界ジュニアの1万mに出場したとき、僕はトップに1周差をつけられて負けました。そのときに「あぁ、これじゃダメなんだな」と実感して、決められている競走部のメニューに加えて、走る本数を増やしたり、スピードを上げたりと自分でトレーニングを工夫するようになりました。

ただ、練習に向けて大きく意識が変わったのは、3年生のときにナイキ・オレゴン・プロジェクトを見学してからです。強くなるためにここでトレーニングをしたいと思い、その後も定期的にポートランドに通うようになりました。卒業後は日清食品グループに所属することが決まっていましたが、そのあとナイキ・オレゴン・プロジェクトから「来ていいよ」と正式な許可が下りたんです。日清食品との契約が1年更新だったこともあり、翌年には実業団をやめて、オレゴンに行こうと決意しました。そんな僕に対して、日清は世界のトップチームでやることにNOと言わないどころか、やめるまでの1年間、日本とオレゴンとの二重での在籍を許可してくださるなど、協力もしてくださって、今でも本当に感謝しています。駅伝のシーズンは僕にとっては不要でしたが、結果的には色々な縁もできて、大学に行ってよかったと思っています。

競技をやっていると、その時々で色々なしがらみが出てくることがあります。でもみんながハッピーになる選択なんてないし、人の意見を気にして選んだものが自分にとって必ずしもベストな選択ではない。もちろん人の意見を参考にもしますし、ある程度は信用もしていますが、どこかで一線を引いて、最後は自分で決めるべきだと思っています。

僕が選択をするときは、より強くなるにはどうしたらいいかという気持ちが常にあります。自分がエースとして常に周りから持ち上げられる環境にいるのは、多分居心地がいいだろうし、楽だと思います。でも、それでは自分でも気づかないところで甘えが出てしまったり、成長が止まってしまう可能性もある。ナイキ・オレゴン・プロジェクトもそうですが、自分がちょっと頑張らないとついていけないようなチームを選ぶというのが、僕にとってはベストの選択なのです。

マラソンを走るということ。

マラソンを走るようになって、僕は自分の思考が変わったと感じています。

トラック競技においてフィジカルが占める割合は約80%、それがマラソンになるとフィジカルが60%、メンタルが40%ぐらいの感覚になります。

フィジカルをいくら磨いても、出すことができる最大のスピードはだいたい決まっているし、コントロールできない部分もすごくあります。でもメンタルに関しては、自分がコントロールをしようと思えばいくらでもできる。僕はそこに世界と戦える可能性を感じたのです。だから、マラソンでは日本記録を更新しましたが、1万mでも同じように順調に世界と戦える道が見えるかと言ったら、僕の場合は難しいと思っています。走るという行為は同じですし、共通する部分ももちろんありますが、マラソンはフィジカルだけじゃない、僕が想像できないような要素も含めて構成されていると思っているからです。そしてそこがマラソンの魅力だと思うのです。ケニアやアメリカの選手がどれぐらいメンタルトレーニングをしているのかは分かりませんが、僕はメンタルにおいてできる限りの努力をしていこうと思っています。

練習をしていると「きつい」と感じることがあると思います。ちょっと変だと思うかもしれませんが、僕はそんなとき頭と体を別々に考えるようにしています。きついと感じているのは脳であって、身体ではない。だから身体には出さないようにと意識する。表情ひとつとっても、顔はなるべくリラックスした状態をキープして、思考と身体を切り離す。そうすると単純に力みがなくなって、努力値で少しタイムが良くなったりするんです。きついという感覚はすごく主観的なもので、冷静に考えて、そのきつさを分析すると意外と対応できるものです。「今きついのはどこ？　呼吸？　脚？　脚のどこ？」そう問いかけると身体全体がきついわけではないと気づくので、少し楽になるんです。

日常生活では何かをすごく考えるということはなくて、割とぼ～っとしていることも多いけれど、走っているときは自然と考える時間になります。毎日90分、１００分走るとなると、どうしてもそこでの過ごし方を考えるようになるし、誰にも介入されない自分だけのゾーンができるようになる。今の時代は日々の生活だけじゃなくて、ＳＮＳもあったりして、なかなか自分に没頭する時間がありません。そんな中で走っているときだけはすべてを忘れられる。長距離走にはそういう聖域みたいな部分を感じます。

だから練習では走りながら考えを巡らせるのが好きです。家に帰ったら何をしようとか、たわいもないことも含めて色々なことを考えていて、身体は意外と機械的に動かしています。走っている間は、走りについてはあまり考えずに、ひたすら無意識で動かし続けるというのは練習においても大切で、これは時間をかければできるようになるでしょう。

マラソンはレースで得るものよりもトレーニング期間で少しずつ気づいていくものが多い気がします。それは一瞬一瞬、ひとつひとつのピースを大事にしていくということ。あまり遠くを見すぎず、着実にひとつずつパズルのピースをはめていくイメージです。その日その日をちゃんと消化すること、常に前回やっていた練習と同じぐらい、もしくはそれ以上の練習をこなすことを毎回続けていくこと。そういう目の前の自分と向き合う大事さはマラソンを始めてから知ったことです。ボリュームと質を上げたからといって急に成績が上がるということはありませんが、それでも続けていく、そのプロセスが大切だし、日々の中で気づかされることはトラックに比べてすごく多いと感じます。それもやっぱり自分と向き合う時間が長いからでしょう。

マラソンでは我慢強さや堅実な走りが求められますが、それは日本人にすごく向いているのではないでしょうか。過去、オリンピックなどで優勝した先輩たちを見ていても、人の想像を超えてクレイジーに練習をできるところが日本人の良さだし、先人の方々が作り上げてきた限界値が日本人は高いと僕は思っています。例えば、瀬古利彦さんの練習内容や強さを知っていたら、今の自分の練習はこんなものなのかと思える。それはすごくモチベーションになります。けれども最近はそれを忘れつつある選手も多いような気がします。どこまでやるかは別の話ですが、自分の月間走行距離をマックスだと思っているのか、もっとできると思いながら走っているかでは、トレーニングへの取り組み方が大きく変わってくると思います。

自分がやるべきことをすべてやっているので、スタートラインに立ったときはいい意味で開き直った状態です。レースが良くても悪くても、ここまで妥協なくやってこれたというスタートラインに立った達成感があるんです。もちろんレースがどう動くんだろうという不安も少しはありますが、それよりも楽しみの方が大きい。レースに向けて日々葛藤したり、今日はこれだけ自分に勝てた、あれだけの練習メニューを継続的にこなしてきた、これほど多くのものを我慢してきたなど、スタートするまでにすべてを戦い切っていて、あとは42・195㎞を走ればいいだけなので、速く走って、早く終わりたいという気持ちだけ。だからスタートラインに立つということは、僕の中ではひとつの勝利なんです。それだけの勝利で終わるのか、それをより素晴らしいものにするかは、もちろん当日のレースで決まるのですが、妥協なくスタートラインにたどり着いただけで、それはひとつの勝利だと思っています。その達成感は、２０１９年の東京マラソンでリタイアしたときも霞むことはありませんでした。結果が悪かったときでもその感情は変わらないということは、ひとつの収穫でもありました。

レースが始まると、前半はあまり展開を考えずに、なるべく力を使わないように省エネを意識するようにしています。

マラソンはエネルギーをいかに少しずつ出していくかが重要です。スタートで満タンに入っている自分のコップから少しずつエネルギーを出していかないといけない。他の選手が仕掛けたときに急に対応しようとすると、自分のエネルギー量が急激に減ってしまう。だから最初は目立たないようにいつも後ろの方で一歩引いて走るようにしています。仮にレースが動いたときにも、トップグループの中盤から後ろにつくことによって、一旦呼吸を置いて対応できるようになるからです。自分の身体と対話をしながら、心に余裕を持つことが大切で、他の選手が上げ下げをしても、残りの距離を考えたり、彼らが２００ｍで４秒上げるなら、僕は１㎞かけて４秒上げればいいとか、常に外側からレースを冷静に分析しようというのは心がけていることです。基本的には自分とリズムだけにしっかりと集中して何も考えない。一瞬パッと周りを見渡して、冷静にレース状況を分析したら、また自分に集中する。その繰り返しです。急に反応しようとすると力みが出て、どうしても力を使ってしまうので、自分にフォーカスして、どうやって力を出したらいいかと考える。マラソンにおいてはペースメーカーがうまく機能するかもしれないし、しないかもしれない。色々な要素が複合的に絡み合うので、あまり考えすぎず、レースの流れに乗りながら、自分の力をいかに出さずに、キャパシティを使い切らないように注意しながら35㎞、40㎞まで行くかというのを大事にしています。

もちろん先頭との距離が開いたり、給水を取りそこねたりすると、不安になったり、焦って力を使ってしまうときもあります。でもそういうときは一呼吸置いて冷静になる。迷うこともありますが、一度決断したら終わったことはくよくよ考えず、次をどうするのかと考えるだけです。大切なのは常にポジティブで平常心であること。初マラソンのボストンマラソン（2017年4月）でそういうレースができて、結果を残せたので、この戦い方が僕には合っていると思っています。

そうやって自分の中で解決していく能力をつけられるのも、マラソンならではでしょう。団体スポーツや普段の生活だと、人間関係の中で様々なことを解決する部分が多いと思うのですが、マラソンは一人で走る時間が長い分、自分を見つめて考えざるを得ない。これはマラソンの魅力のひとつではありますが、一方で社会性をすごく失っているんじゃゃないかと思うときもあります（笑）。ただ、あえて失うことも今の僕には必要なのです。

マラソンでは30㎞、35㎞の壁とよく言います。でも1万m走でも8000mからはきつい。それを8000mの壁とは言いませんよね。どんな競技においても最後はきついのに、マラソンにおいては大げさに捉えすぎている気はします。ここまで余裕を持って走っていれば、35㎞から先も意外と楽に走れるし、身体的な限界というのはみなさんが考えているほどはないと思います。壁という言葉にしてしまうことで大げさにしてしまっている気がします。

もちろん42・195㎞は長いと感じます。けれども気持ちさえしっかりと持っていれば、一定のペースをある程度はキープできるのがマラソンなんです。

それでも辛い、やめたいと思ってしまうこともあります。そういうときは「練習でも勝ってきたし、これだけ走れたのだから残りも大丈夫」など、なるべくポジティブな方へと意識を持っていくようにしています。

レース中は、市民ランナーの方とは違って、風景はほとんど見えていません。全体がぼやけたような感じで見えている感覚なので、コースやレースのことは覚えていないことも多いんです。ただ、どうでもいいことが意外と見えていて、川内優輝さんがめっちゃ給水ボトル倒しているなとか、鈴木洋平くん、めっちゃ金パツだなとか。そんなことは見えています（笑）。

　もうひとつ、マラソンを始めてから知ったのは、どんなに長くてもゴールはちゃんとあるんだなということ。そして走ったあとの達成感は他の競技とは違うと感じています。ゴールをしたらみなさん喜びますよね。それは市民ランナーの方だけでなく、僕ら選手も同じです。順位はつくかもしれませんが、自分と向き合ってきた時間が長いがゆえに、ゴールの瞬間にそのすべてが頭によぎるし、最後まで走り切ったという喜びは格別です。だからみんなマラソンを走るのではないでしょうか。仕事がある中、時間を作って、厳しい練習にも耐え、禁酒をしたり、遊ぶ時間を削って、我慢した結果たどり着いたゴールには、やっぱり気持ちが弾けます。マラソンでは誰しもがそういう瞬間を味わうことができるんです。

　ただ日本の人たちはタイムを気にしすぎると思います。マラソンはレース当日の気温や風でペースが大きく変わります。最近はシューズやフォアフットが注目されていますが、マラソンはそれだけが要因にはなりません。シューズでタイムが上がったとしても、風や天候の影響で落ちることもある。だったら後ろの方にいて風の影響を受けないようにしたり、自分の消費エネルギーをいかに抑えるかという意識の方が大事。もちろん最近のシューズの進化はすごいと思いますが、僕は自分で走っているんだよと言いたい。市民ランナーの方もあまりタイムのことは気にする必要はないんじゃないかなと思います。マラソンはやっぱりきついものです。でも目の前にあるし、避けられないから向き合うしかない。マラソンの良さはそこにあるし、これは普段の生活にも通じると思っています。嫌だけどやらなければいけないことはあるし、目の前にあったら逃げられない、逃げたくないから向き合う。それが僕にとってマラソンを走るということなんです。

どんな結果も受け止めること。

マラソンにおいて大切なことは、余計なものを省いて、なるべくシンプルにすることだと思っています。不測の事態というのは、色々と想像しすぎることによって起きるのではないでしょうか。全てを起こりうることとして捉えて、柔軟に冷静に対応できるという自信があれば、何が起こってもそれは不測の事態にはなりません。過大な想像をしなければ、ただ起きたことに過ぎないと思えるし、結局色々と考えてみたところで、だいたいのことは起きないものです。だから極論を言えば、結果を考えても仕方がないという単純なところに落ち着きます。

結果が出たときの達成感はすごいものがありますが、結果に関しては良ければいいし、悪かったら仕方ないよねという柔軟な気持ちでいます。ダメだったときは外から色々と言われたり、叩かれたりすることもあるでしょう。でも、できるだけのことはしたという自信があれば、仕方ないよね、と批判をも受け入れることができます。レースの結果が悪くても落ち込むことはなくて、妥協なく繰り返したら次はちゃんと結果が出るよと思える。結局レースは2時間で終わってしまうものです。それよりもその日までにやってきたプロセスの時間の方がずっと長いし、今後の自分に生きてくる。それがマラソンにおいては大事だし、魅力だと思っています。

ただ、僕もすべてができているわけではないので、どうしようかと思うことはあります。それを実感したのが2019年の東京マラソンでした。

僕はこれまで、シンプルに、シンプルに自分の思考を研ぎ澄ませようとしていたし、実際にそれができるようになったと思っていました。ところが東京マラソンでは、東京という土地、メディアでの取り上げられ方、周囲への期待などに対して色々な欲が出てしまって、自分が目指すシンプルなところにたどり着けなかった。これまで出場してきたレースの多くはアメリカでしたし、福岡国際マラソンをはじめ、日本のレースにも出てはいましたが、東京ほど注目はされないような状況で、楽に走れていたというだけだった。

もともとの僕は他人の目を気にしてしまう性格だと思っています。だから目の前で誰が勝つのか推察されたり、決められたりする煩わしさから離れて、ゆっくりと競技に向き合いたいという思いでアメリカに行ったところもありました。アメリカで生活をするうちに、自分ではもっと自己コントロールできるようになったと思っていました。ところがいざ帰国してみたら、色々と言われることや、他人に対しての自分への思い込みなどがどうしても気になってしまった。そんな雰囲気にのみ込まれてしまい、元の自分に戻ってしまっていたんです。自分を見失ったわけではないし、プレッシャーだったというほど僕は繊細ではないと思うけれど（笑）、今思えば、想像以上に「東京」という存在は大きかったんだと思うし、何かしらの気負いを感じていたんだろうなと理解しています。トラックにおいても、成績が悪かったレースは、結果をすごく意識しすぎたときなんです。2017年の世界陸上の最終選考を兼ねたホクレン・ディスタンスチャレンジ網走大会もそうで、標準記録を突破しなきゃいけないとか、結果に意識が向きすぎてしまうと僕の場合はダメなことが多い。それが東京でも表れてしまった。

東京マラソンのスタートラインに立ったときはすごく充足感がありました。東京の前は練習のプロセスで、すごく大変な思いをしていましたし、それを乗り越えたことにすごく満足もしていた。僕はトレーニングにおいて、プライベートな時間や色々なものを省いていき、満たされない状態に自分を置くことがすごく大事だと思っています。自分に酔いたいわけではないけれど、俺はこれだけのことを犠牲にして頑張っているんだと、楽しみをなくすことで自分の世界に入っていける。東京の前もそういう練習ができていたと思っていたので、リタイアはしてしまいましたが、終わった直後はすっきりしていたんです。やめてしまって悔しいという思いもありましたが、やっと終わったという安堵感や、レースが終わったから友達と遊びに行けるな、とかそんなふうに思っていたんです。けれども周りはそう捉えてくれなかったところもあって、時間が経つほどに自分に自信がなくなってしまった。

もちろん、東京でも記録を出したいとは思っていました。それでも、みんなが期待するほどには僕はこのレースに懸けていなかったのではないか。レース直後に意識が競技外の方に向いてしまったことや、そう思ってしまったことへの罪悪感。早くレースを終えて自由になりたいという欲のようなものが、レース前から限界点を超えていて、ちょろちょろとコップから溢れ出していたのではないか。そういう色々なことのせいでこういう結果になったのではないかと悩み始めてしまった。

リタイアしたことに関しても、僕が弱かったのか、単純についていく力がなかったのか、それとも合理的な判断だったのか、すごく葛藤がありました。SNSや周りの反応を見ても、理にかなっていたという意見もあれば、マイナスの意見もすごくあって、それと同じように僕の中でも肯定する自分と、日本記録を持っていたことによって東京マラソンに対して本当に努力やモチベーションが足りていたのか、疑問を持つ自分がいたんです。

そういう葛藤を、コーチのピートと信頼するスタッフに一番最初に話をしました。本来ならば、もっと心に余裕を持って練習をしなければいけなかったのに、今回はプロセスを追うことでいっぱいだったという思いや、僕の気持ちが弱かったんじゃないかという考えをすべて伝えました。けれどもピートたちには「練習を頑張ってこられたということは、お前はレースを頑張ったということだよ。スタートラインに立つ前の戦いに関しては勝っていた。雨の中、前半から速いペースで進んだことや寒さなど、様々な原因が重なっただけで、それは弱さではない。2時間10分でゴールできない可能性があるのであれば、ダメージを考えてやめることはおかしなことじゃない」、そんなことを言ってもらえて、すごく助けになりました。そして結局、色々と話をしていくことで、大変なこともあった中でしっかりと練習できたこと、スタートラインに立つまでの努力をしてきた自分、レースを途中でやめられた強さを自覚して、認めるしかないと思ったんです。決して急に理解したわけではなく、この答えを導き出すまでに1、2カ月ずっと自問をしていましたし、今でもまだすべてを理解しているとは思えません。ただ、結局良くも悪くも練習の中でしか自信は戻ってこないんです。走っているときは考える時間があるし、結果と向き合わざるを得ない。その中で色々と考えて、気づくことも出てくるし、それに対してどうしたらいいのかを自分で考え、徐々に消化していった感じです。今は練習ができて、いい状態で走れていることが、少しずつ自信となって戻ってきています。今回の経験をしたことによって、自分のキャパシティは絶対に上がったと思うし、次は前回よりも自分をコントロールできるという自信にもなりました。ピートとも、これまで日本記録を出すなどうまくいきすぎていたし、MGC（2019年9月15日開催のマラソン・グランド・チャンピオンシップ）の前にこういう経験をできたことは良かったねと話をしています。

もうひとつ楽になったのが、メディアへの対応です。メディアの捉え方については、前々から考えていた部分はありました。ただ、改めて思ったのは、自分がいくら伝えようとしたところで、伝わらない人には伝わらないということ。今まではメディアに期待していたからこそ、ちゃんと伝えようと思っていた部分がありました。相手に理解してもらおうと思って、時には自分の気持ちを分かりやすい言葉に置き換えて伝えることもあったのですが、そういうことの積み重ねが自分のストレスになっていたんです。それは結局、他人を気にしているということだし、コントロールできないところに関して考えるのは無意味だということに改めて気づきました。僕のことを好きな人は、僕が何を言おうとプラスに捉えますし、嫌いな人にはマイナスにしか捉えられない。だったら、そこを気にする必要はないのではないかと思っています。

メディアに語ることは大事かもしれませんが、それ以上に僕は自分に必要だと思ったことを積み重ねて、競技の場でちゃんと戦うことで自分を表現しているつもりで、アスリートにとって一番重要なのはそこだと思うんです。もちろんメディアに出ることは避けられないことです。でも、気持ちの持ち方ひとつで、あまりメディアの目を気にしなくていいのかもしれないと気づいて、少し楽になりました。特に今はＳＮＳで自分の言葉をダイレクトにファンの方に届けることが可能ですし、それならばメディアで何かを伝えようとしなくてもいいのではないかと今は捉えています。

リタイアに関しても、直後はメディアにプラスの発言しかしませんでした。もしそこでマイナスの意見を言ったら、僕の弱さということになって、表に出てしまうからです。自分の中でも疑問が残っていて消化できていないことが、世の中に出ることは本意ではなかった。だって少なくとも僕は色々なことに勝って、スタートラインには立てたのですから。今はメディアに対して良い意味で諦めがつきましたし、変に反応しないで、楽しむと言ったら変ですが、それぐらいの心持ちでいた方がよいのではないかと思っています。

一方でSNSにも難しいところがあることも分かっています。何気なく呟いたことが、思った以上に拡散してしまったり、色々な方向に飛びすぎてしまい、どうしようもなくなってしまったこともあります。また、僕の発信を利用して、自分の価値を上げようと思っている人に都合の良いように解釈されたことなどはすごく残念です。

SNS上でひとつひとつに反応することはありませんが、言われた意見について自分の内面を掘り下げて、自問をすることはあります。例えば日本選手権についてのツイート(出場権の規定について)も、これは僕だけの利益に関することなのか、ほかの選手やこれから陸上界を背負っていく子供たちのためになるのか、同じような問題がどれぐらい頻繁に起こっていてどれぐらいの選手が同じように思っているのか、そんなことを思い返したりしました。SNSで発言をするからには、自分の思いを言うだけではなく、周りから賛同を得られるかどうかということは大切だと思っています。もちろん考え方は人それぞれですから、賛否両論あっていいんです。けれども賛同してもらえる部分が少なからずあると自負していたし、それが選手のためになるのではないかと思い、ツイートしたところはあるんです。色々な意見はありましたが、それでも結局行き着くのは、発信してよかったという思いです。言わなければ何も変わりませんから。

アメリカにいるということも大きいでしょう。日本の実業団に所属している選手だと、チームの事情も考えないといけないし、様々なところから攻撃されることもあるかもしれない。僕は攻撃をされたとしてもアメリカに帰ってきてしまえばシャットアウトできるので、楽だというところがあります。色々なことを思い切ってできるのはアメリカにいる強みだと思っています。

3カ月ほど経って東京マラソンについて考えてみると、他人がどう思うかではなくて、自分の中での評価が僕にとってはやっぱりすごく大事で、今後モチベーションを保ってやっていくためにも、そこはぶれることなく大切にしていかなければいけないと実感しました。今回の結果があって、自分の弱さや課題などがクリアになってきたので、そういう部分を省いて、次に向かっていきたいと、今は思っています。

2012 Hakone Ekiden

来賓受付
報道受付
1～35

2017 Marugame International Half Marathon

adidas
2017 BOSTON
MARATHON

2017 Boston Marathon

2017 Fukuoka International
Open Marathon

大塚製薬

マイナビ
70
27
63

2017 Fukuoka International
Open Marathon

2017 December / Tokyo

2018 Fukuoka Cross-country

Kanebo
TOYOTA

2018 Fukuoka Cross-country

2018 Osako Project

リカバリー&睡眠について。

僕は眠いのだけは我慢できない人間で、少なくとも1日10時間ぐらいは寝るようにしています。朝はパキッと目が覚めますし、寝つきも良いので、遠征先で枕が変わってもぐっすりと眠れます。

高校生や大学生は朝練があって、授業があって、午後練習があって……と忙しくて絶対的に睡眠時間が足りないと思います。僕も学生時代は昼寝をすることが多かったのですが、今は夜眠れなくなると困るし、睡眠時間は足りているので、基本的には昼寝はしません。昼寝をするのは、たまに夜眠れなかったなというときだけ。実業団選手のように社業があるわけでもないので、きちんと睡眠時間を確保できているのはありがたいと思っています。

早稲田大学時代に睡眠について調べていた時期があって、その中に10時間以上睡眠を取らないと集中力が下がってしまい、パフォーマンスが落ちるという研究データがあったんです。これは自分でもすごく実感をしていることで、睡眠時間が6時間のときと10時間のときでは集中力が全然違うんです。特に1時間半〜2時間という長い時間を走らないといけない練習では、10時間寝ているときの方が、集中できる時間が長くなって、同じペースでしっかりと走っていられます。

アスリートの中には睡眠環境にこだわっている人も多いですけれど、僕はほとんどこだわっていなくて、使っているのはIKEAのマットレスだし、リカバリーにはあまり良くない低酸素テントの中で寝ています。僕にとっては回復よりも高地トレーニングの重要性の方が高いので、体調によって出たり入ったりしながらも毎日テントの中で寝ています。最初はすごく寝にくかったし、眠りが浅いときもあったんですが、慣れれば普通に寝られます。

SNSなどでよく質問をされるのですが、リカバリー＝休むと思っている人が多い気がします。僕にとってのリカバリーは、筋肉を修復することで体を強くしたり、よりハードな練習をこなしたりするためのものです。疲れたところから頑張らないといけないこともときにはある。だから身体に気になるところがあれば少しはやりますが、毎日念入りにストレッチをしたりはしません。チームにマッサージ師もいますが、マッサージそのものは週2回程度で、ウエイトトレーニングの前に可動域が広がるような動きが入っていたり、トレーニングに自然と組み込まれていたりすることが多いですね。

リカバリーに効果的だと思うのは、入浴や交代浴。僕はアイシングが苦手なので、ハードなトレーニング後は水風呂と熱めのお湯に30秒ずつ入ることを繰り返しています。疲労物質が流されて、回復が早くなる気がします。

ただ、選手がトレーニングから食事、睡眠、リカバリーまで、すべてを考えることは厳しいのではないでしょうか。僕はトレーニング中は、走ること以外は何もしたくないし、走ること以外に極力、力を使いたくない。大切な合宿中は、娘を抱っこするのにも背中が張ってしまうのではと躊躇しますし、家族も友達も食事の時間も競技に必要のないものはすべて省いて、走ることだけに集中したい。だから、ウエイトはフィジカルトレーナー、競技はコーチを頼りにできる環境はありがたいと思っています。

あまり色々なことを考えすぎると、競技に集中できなくなってしまうし、結局大事なのはきついトレーニングをいかに継続できるかというところ。無駄なことに神経を使うよりは、機械のように何も考えず、練習に集中することが大切だと思っています。

環境が変わっても生き残る力を持つこと。

走りがいい選手はいくらでもいます。最低限の走るセンスは必要かもしれませんが、それ以上に大事なのは生き残る力だと僕は思っています。

中学から高校、大学、実業団と、環境が大きく変わっていく中で生き残る力は不可欠です。チームに順応して、ちゃんと残れる能力こそが強さになると思っています。

どういう選手が生き残れる強さを持っているのか。それは一概には言えませんが、辛い時期をいかに我慢できるかということはすごく大事です。どんなに環境が変わっても、順応するまでには単純に耐えるしかありません。一番辛いところを2カ月で乗り越える人もいれば、1年かかる人もいます。そこまで我慢できるか、できないかの違いです。

環境が変われば孤独感は強まるし、この先どうやっていけばいいのかという不安もあります。だけどやることさえやって耐えていれば、いずれは絶対に慣れます。環境が変わって崩れてしまう選手というのは、単にやる気がないだけだと僕は思ってしまうのです。

僕はどちらかというと新しい環境に慣れるまでに時間がかかるタイプだと思っています。高校の3年間はすごくきつかったけれど、強くなるにはそれしかないと思っていたし、その道しか知らなかったのでひたすら練習をしていました。

オレゴンでは英語が話せないことで悔しい思いをしたこともありました。チーム内では常に孤独を感じていましたし、日常生活でも色々と大変でした。でもそれは覚悟をしていたことですし、単に我慢ができたというだけ。得意かどうかは関係ないし、適応するのが早い遅いも関係ありません。

初めてナイキ・オレゴン・プロジェクトを見学したときはすごく親切にしてもらいましたが、それはビジターに対しての親切さであって、練習生になって、いざ内側に入ったらものすごくシビアな世界でした。特にナイキ・オレゴン・プロジェクトは、そんなにフレンドリーでもアットホームでもないチームです。英語ができないこともあって、周囲がすごく冷たいと感じることも多かった。

オレゴンに行くときは、単純にチャレンジできる環境に自分を置きたいというだけで、深く考えていなかったんです。それがいざチームに入ってみると、結果を出せなければやめさせられてもおかしくない状況で、日々プレッシャーを感じていました。

練習も毎回僕にとってはレースのような緊張感がありましたし、正直初めての練習というのが多かったので、何が正しいのかも分かりませんでした。ただ、そこで疑問を持つのもおかしいと思い、最初の1年はやらされるがままに一通りやってみようと思ったんです。あえて一度思考をストップさせて、今までやっていた練習は全部忘れてとりあえず受け入れてみようと。

なかでもウエイトトレーニングは全然身体に馴染みませんでした。動きがギクシャクしていたり、ガタガタしていましたが、時間をかけて2年、3年と続けて今やっと自分に馴染んできて、パワーになりつつあると感じています。多くの人は時間をかけることをすごく恐れているのではないでしょうか。少しやっただけで自分の身体に合わないと言う人もいますが、何事においてもやると決断したら1年、2年はやってみた方がいい。もしそれがダメでも戻すことはすごく簡単です。新しいことに飛びつくことは悪くはないと思います。でも、アメリカが良いらしいと言えばアメリカ、ケニアが流行ったらケニアと、信念を持たずに飛びつくというのには疑問があります。よく考えて、自分が必要だと思ったら行けばいい。そして行ったからにはしっかりと腰を落ち着けてやるべきだと思っています。

感覚が変わるのが嫌だと言う選手もいますが、それは僕から見たら慢心です。感覚というのはすごく主観的なもので、自分の感覚であろうと、こんなに頼りにならないものはないと思うんです。それよりも目に見える結果で判断する。感覚にこだわるのは過去に囚われているとしか思えないし、自分の伸びしろを潰しているようなものです。今日調子悪いな、と思っていても、スタートしたら意外と走れたという経験がランナーならありますよね。それぐらい自分の感覚というのはあてにならないものなんです。

オレゴンに行った当初は、自分が故障をしているときに他人がやっていることを見て焦ったり、ゲーレン・ラップが結果を出したから、僕もやらなきゃいけないと思ったりしたこともありました。そういう環境の中で自分の居場所を作っていくためには、試合に勝つだけではなく、練習の中でもしっかりと見せていくしかない。自分がやっていることに集中して、自分で自分の道を切り開いていくしかないんです。だから練習では常に緊張をしていたし、やらなきゃいけないという思いは強かった。リオオリンピックに出場した頃には、環境に馴染めてはいましたが、それでもやっぱりまだこのチームに自分はふさわしくないという思いがありました。

ナイキ・オレゴン・プロジェクトに参加している選手は、良くも悪くもみんな自己中心的です。基本的に他人のことは考えないし、言わないと分からないと思っているから主張もします。コーチのピート・ジュリアンを信頼していますが、それでも僕のすべてを分かっているわけではないので、嫌なものは嫌だと伝えます。みんな相手に汲み取って欲しいと思いますよね。でもやっぱり言わないと伝わらない。僕らはコーチと選手の関係をナビゲーターとドライバーに例えます。大まかな道標をナビしてくれるのはコーチですが、実際にアクセルを踏み、ハンドルを切るのはドライバーである選手です。いくらナビゲーターが良くても、大切なときにアクセルを踏めなかったり、ハンドルが切れなければ意味がない。ちなみに僕はスピードの出しすぎで、よくナビから警告されます（笑）。

トレーニングはハードですが、頑張ることに慣れてくると、そこそこきついぐらいにしか感じないようになります。もちろん、時には自分にがっかりすることもあります。でもそういうことにも慣れていくんです。今の僕のチームメイトに限って言えば、そういう選手ばかりです。身体は自然ときつくなりますが、それを乗り越えて練習していく。その繰り返しをオレゴンではみんなが当たり前にやっているのです。

今は市民ランナーのレベルが上がってきています。そんな中で実業団選手と市民ランナーの境目がなくなってきたような印象があります。意識のレベルが市民ランナーよりもちょっと高いだけという選手も多い。本人たちは一生懸命やっているのかもしれませんが、練習内容を聞いていても、走る距離がすごく少なかったり、妥協が多かったり、意識レベルも低い。足が痛いから何もできない、面倒臭くて今日は休んでしまったとか、そういう話を聞くとこういう選手が実業団で潰れていくんだろうなと思ってしまう。楽しいことが目の前にあって、日本にいたら僕もそうなっていたかもしれません。でもそこで緩まないようにするのが大切なのです。実業団というのは陸上の裾野を広げる上ですごく大事だと思いますが、本筋を見失ってはいけない。小さなことの積み重ねでできたギャップはもう埋められません。

日々変わっていく状況の中で、いかに我慢して自分の場所を作ることができるか。それが生き残るために重要だと思っています。

「今」を積み重ねること。

中学1年で競技を始めて、すでに僕は14年も走り続けていて、自分では競技人生は終盤にかかってきていると感じています。正直に書くと、いつ足が壊れてもいいと思っているし、壊れたときは競技をやめようという気持ちで日々走っています。それはもしかしたら今年かもしれないし、来年かもしれない。そうなっても次の道はあるし、時間をかけて探していけばいい。

そう思えるのは、究極に今を生きているからだと思います。

強くなるというのはすごく単純なことで、毎回ハードなトレーニングをして、ハードな毎日を過ごす。それを毎週繰り返していくだけです。ポイント練習の前後に休んでしまう人も多いけれど、ポイント練習も頑張りながら、つなぎも頑張る。それを何カ月続けられるかの繰り返しです。

極端なことを言えば、1本1本、一瞬一瞬が大事。例えば、練習で200mを20本走るとします。このとき20本を走ると考えるのではなく、この1本、この200mをどう走るのかということを考えて、それを20回積み重ねる。このとき、1本1本のきつさがどこからくるものなのか、きつさを分割していくことも重視しています。足がきついなら、足のどこがきついのか、さらにその部分のどこがきついのか、それは我慢できるきつさなのかと掘り下げていく。すべてをただ〝きつい〟と一緒くたにしてしまうと、フォームが乱れてしまったり、本当は足がきついのに呼吸が辛いと思い込んでしまったり、我慢できないきつさだと感じてしまいがちです。心拍数にはある程度限界はあります。だから心拍数さえ上がらなければ、足は攣りそうになっても意外とそのまま走れるものです。きつさを分割することで、今の状況を冷静に判別する。練習においても、きつさにおいても〝今〟に集中して考えるということは、レースにおいてもすごく重要になってきます。そして、そうやって瞬間瞬間を大事にトレーニングしていると、毎日毎日自分に勝つことに対しての価値を見出せるようにもなるんです。

マラソンにおいてはきつい瞬間があっても、そのあとに楽になる瞬間が絶対にあります。それを知っているから、きついことにも対応できる。きついと感じたら、今に集中して、その状況を冷静に判断して対応していく。もしかしたら、その先もずっときついかもしれませんが、楽な瞬間がすぐに来るかもしれない。きついな、嫌だなというネガティブな感情も〝自分って嫌だと思っているんだな〟と自分で受け入れて理解をすると、対応の仕方が分かるようになります。逆に気づかないと全部、きつい、辛いで終わってしまって、注意力が散漫になりやすい。なるべく冷静でいる時間を長くしようと努力するだけで、その辛さは変わってきます。だから、とりあえず先を考えずに、楽なことやポジティブなことを考えて、今にちゃんと集中することが重要です。

もちろん、毎日戦うことの大変さも感じています。でも戦わなかったときに後悔をすることは分かっているし、明日後悔をしないためには、今日やれることを100%やるしかない。プロランナーになって、走ることが仕事になった以上は、次の目標にたどり着くしかないし、日々必死です。しかもマラソンは多くても年に2回しか出られないので、1回1回が外せない大会になる。だからこそそれぞれの大会にしっかりと合わせなきゃいけないという緊張感も生まれてくる。

僕はあまり先のことを考えるとどうしても疲れてしまうタイプです。明日の午前中はまたハードなトレーニングをしなければいけないんだと思うと憂鬱になることもあります。だからこそ今、目の前にあることに集中するようにしています。結果やライバルと同じで、未来は自分の想像でしかない。良くも悪くも自分が作り上げたもので、ときにはそれがモチベーションにもなるけれど、ではどうやって達成するのかと考えたら、それは過去の経験であって、イコール今の積み重ねでしかない。当たり前だけれど、未来はすべて今の影響を受けているんです。

きちんと今を積み重ねていれば、レースの直前に自分を信用することができます。練習さえきちんと積めていればあとはタイミングの問題です。たまたま合うこともあれば、合わないこともある。でもそのときのために常に準備をし続けていることが大事。最大のチャンスはいつ来るか分かりません。だからこそ過度な期待をせずに、今という瞬間を大切にして、集中してやっていく。今のところそれができていることは、いいことだと思っています。

2019年の東京マラソンでは、いい走りをすることをモチベーションに3~4カ月アメリカで練習を積みました。結果は棄権で終わってしまいましたが、それを引きずっていつまでもだらけていたら、今まで積んできたことがすごくもったいないじゃないですか。過去も、先も意識しすぎることなくただ今をしっかり過ごす、それだけです。

例えば先が霞んで見えない一本道を走っていたとします。そのうちにゴールが見えるだろうと一生懸命前を見て進んでいたら、自分が進んでいることを実感しにくいと思います。けれども足元を見れば、着実に歩を進めていることを知ることができる。それが今を生きられているということではないでしょうか。

そうやって考えているからかもしれませんが、僕はレースの細部をあまり振り返りません。もちろん喜びやモチベーションとなったことなどは覚えていますが、レースの細かな流れなどはあえて思い出そうとしません。忘れているわけではないのですが、学ぶべきはプロセスで、レースについてはただの結果でしかないので、何の参考にもならないと思っているんです。あえて言うならば、どのレースについても満足もしていないし、失敗もしていないと思っている。レースで思う走りができなくてもすごく得るものがありますし、それが分かっていれば、どんなレースでも失敗というのはないと思っています。レースはひとつひとつの環境も違いますし、そのときのレースがどうだったかを比較する必要もありません。周りは変わっていくかもしれないけれど、その瞬間瞬間を生きているのだから、次に起こることに対して向き合って、今を生きることに楽しさや意義があると、僕は思っています。

意志を持ち続けること。

走りのセンスがある、走る能力が高い。アスリートの中には自分には特別な才能があると思っている人も多いけれど、特に日本の中・長距離走においては、突出した才能の人はなかなかいないと、僕自身のことも含めて思っています。能力にはそんなに差はなくて、むしろ、自分が特別じゃないということを意識できていることの方が大切なのではないでしょうか。

学生の頃、僕よりも速い選手はいくらでもいました。勝てなかった選手もたくさんいます。ではなぜ残れなかった選手がいるのか、ここまで差がつくのかというと、自分がダメなときに頑張れなかったからだと僕は考えています。お互いが頑張っているときに、差は意外とつかないものです。でも故障をしたとき、調子が悪いときに走れないからと練習をしなければ、ブランクができてしまう。そういう小さなミスをたくさん積み重ねていれば、それはやがて大きな失敗につながります。いつもと同じことはできないかもしれない。でもその中で、今の自分ができる範囲の努力をし続けることです。

差ができてから追いつこうと頑張ったとしても、それではもう遅いんです。スタートで敵わないと、俺はやってもダメなんだと最初から諦めてしまいがちです。でも5年、10年かかるかもしれないけれど、意志を持ち続けていれば、人は変わっていく。誰しもが劇的に変わることを期待しますが、そんな近道はなくて、意志を持って続けていくことで、少しずつ変わっていくんです。

学生の頃から僕はずっと継続することが一番だと思っていて、なかなか思い切って休めないところがありました。中学、高校の頃が一番陸上に没頭していて、すべてのことを犠牲にして走っていました。友達と遊ぶことも嫌いではなかったけれど、たむろっていたり、意気がる理由は分かりませんでした。「頑張らず、楽しいだけの日々で何が誇れるのか。他の中学生と一緒じゃん」。口には出さなかったけれど、実はずっとそう思っていた。

僕は流されることに対してすごく恐怖があります。それは競技に限りません。日常生活においても選択肢が無限にある中で、今の自分は何をすべきなのか。それを常に意識しています。

例えば、色々な選手を見てきて、監督やコーチに言われたから練習をしている選手はあまり強くありません。たくさんの失敗をして、アップダウンの波を経て、たどり着いたところに意味があると思っています。

早稲田大学の4年生のとき、キャプテンになりました。チームを引っ張っていく、まとめていくという意識はありましたが、僕がキャプテンになったからといってチームが変わるとは思っていませんでした。キャプテン自体に意義はなくて、ただの象徴のようなものでしかない。誰がキャプテンだから頑張るとか、このキャプテンになったからチームが変わるという話もよく目にしますが、やる気は誰かがコントロールするものでもないし、一時的にやる気になったところで、それはケツを叩かれてやっているだけ。もちろんキャプテンとして、箱根駅伝前にはそれまで出ていなかった朝練に参加したり、気持ちが弱い選手や自分の感覚に固執している選手にはっきりと注意したりはしました。当時の早稲田では怪我をしたり、調子が悪い選手は一時的に実家に帰り、意識的に休みを入れる慣習があったのですが、そういうときは同級生であろうと「実家に帰る前に、やれることをしっかりとやりなよ」と注意もしました。どんな状況下でも意志を強く持つというのは大事なことです。なかには「大迫には俺の辛さは分からないよ」って言って帰ってしまう選手もいましたし（笑）。

結局どこに一番プライオリティを置いて行動していくか。こうありたいという思いが強いことが大切だと思います。口ではなんとでも言えます。でも、やっぱり楽しいことが一番だよね、学校の友達が一番だよねとなってしまう。そういう日々の小さな妥協が大きな差を生み出してしまうのです。特別なトレーニングをしているとか、何かに秀でているというのではなくて、単に強くなりたいという思いの強さ、どこまで自分の私生活を犠牲にできるかということです。

1日24時間という制約がある中で、競技においては、いかに必要のないものを取り除いて、必要なものだけで自分の身を固めていくか、無駄を省いていく作業がすごく大事になってきます。そう考えると他人と協調したり、他人に合わせ、寄り添って練習をするというのは、僕にとってはなんのメリットもない、無駄な作業に思えてしまうのです。協調性がないと言われればそれまでですが、目的を達成するためには、他人のことに関わっている場合ではない。結局、１００％自分のことを考えられる人は自分しかいないんです。誰を信じるかといったら自分自身であって、周りに合わせるということは僕にとっては無駄なことです。だから今は同じ方向性、レベルを持った選手としか一緒にトレーニングをすることはありません。

大学時代の僕にとって、箱根駅伝は重要ではありませんでした。一方、指導者やチーム、大学にとっては箱根駅伝は重要です。そこでお互いに歩み寄ってしまうわけだけど、そうなるとトラックに集中したいと思っていた当時の自分の目標に対して１００％ではなく、50％しか割けないことになる。これは僕にとっては大きなロスでした。他の人にとっては無駄ではないかもしれないけれど、僕にとっては駅伝シーズンは無駄なことがすごく多かった。そういう矛盾は大学時代からずっと感じていて、本来なら選手が歩み寄る必要も、指導者が歩み寄る必要もないと思うんです。お互いの目標が一緒であれば、歩み寄るような状況になるわけがない。ただ、早稲田大学時代、渡辺康幸監督は僕のことを理解してくれていたのでとても助かりました。今はコーチと目標が一緒で、ちゃんと会話をできていることがすごくうれしいし、いい関係を築けていると思います。

やらない理由というのは探さなくても簡単に見つかるものです。だから僕はやらない理由よりもやるべき理由を常に探して積み重ねています。やらない理由を排除したら、やるしかないことだけが残るはずだし、やらなければ後悔するだけ。難しく考えることは意外に誰にでもできることです。自分はすごく考えている、深く掘り下げていると言う人も多いけれど、それは実はみんながやっていることで、特別なことじゃありません。それよりもいかにシンプルに物事を進めるか、無駄を省いて、まっすぐに尖らせていくかの方が難しい。もちろん僕にもできない部分はたくさんあります。けれども意志を持って、シンプルに、シンプルにというのを心がけています。

人の顔は変わるものです。ストレスが多ければ眉間にシワがよるし、気持ちが穏やかな人は優しい顔をしている。同じように常に意志を強く持ち続けていれば、顔も体つきも、走りも変わっていくものなのです。

食事について。

食事について聞かれることも多いのですが、正直いうとあまりこだわっていません。小・中学生の頃は、鉄分が不足しないように母が毎食ひじきを出してくれたので、よく食べていました。逆に大学時代はかなりいい加減で、知識もあまりなかったし、とりあえず走っておけばいいだろうという楽観的で甘い考えでした。炭水化物もタンパク質も入っているからアイスクリームでいいじゃんっていう日もありましたし、晩ご飯を抜いて焼肉に行ったこともあります。それがいいとは言いませんが（笑）、若い頃ってそんなものだと思うんです。

今は、自分の競技結果が自分の人生を左右するということに気づいたので、ベースはあまり変わっていませんが、少しだけ気をつけるようになりました。オレゴンにいるときは妻が栄養バランスを考えて作ってくれるので助かりますが、合宿に入ったらとりあえず栄養素だけ摂れればいいという感覚で、味については考えず、自分で作ったまずいご飯を食べています。

お腹に入ってしまえば一緒なので、朝は軽めにパンだけ食べて、練習から帰ってきたらプロテインを飲んだり、スクランブルエッグを作ったり、チキンやサーモンを焼いて……といってもオーブンに入れるだけの料理です。最近は僕は料理についてはセンスがないのかもしれないと思っています。鎧坂哲哉選手や鬼塚翔太選手と一緒に合宿をしたときは、自分が料理できないので、その基準で「料理大丈夫？　できる？」と若干上から目線で聞いたんですけど、普通に僕よりも上手に作れて、逆に「ごめんなさい」みたいな感じになりました（笑）。

ハードなトレーニングの前は炭水化物をしっかり摂ったり、練習後はタンパク質重視の食事をするなど、食生活はだいたいルーティーンになっています。サプリに関しても鉄とプロテイン、ビタミンCを摂るぐらい。なんとなくこれは必要なんだろうなと感覚で選ぶことができるのは、中学のときに母が作ってくれた料理や、高校の寮で出された食事があったおかげかもしれません。

練習量もそこそこあるので、食事制限をすることもあまりありませんし、レース前でなければ、お酒も少しは飲みますし、甘いものも食べます。1日の中でご飯と野菜と鉄分、タンパク質がバランスよく摂れていればいいのではないでしょうか。栄養は大事ですけど、やっぱり一番大事なのはトレーニングですから。

ライバルをリスペクトすること。

中学・高校生のときは良いライバルがたくさんいて、常に彼らに勝ちたいと思いながら走っていたところがありました。中学生のときは、八王子市立第四中学校にいた同じぐらいの力の子に勝ちたい、全中で優勝した選手と一緒に練習をしたときは、どうしてもラストは勝ちたい！　という気持ちでトレーニングに参加していました。

高校や大学の前半は同級生や先輩、大学の後半は世界で戦う選手に少しでも近づいて、少しでも勝負ができるようになりたいと思っていました。印象に残っているのは佐久長聖高校時代の練習です。佐久長聖では平日の練習は曜日ごとにコースが決まっていて、なかでもすごくきつかったのが水曜日のコース。当時の僕の中ではこの水曜日がキーになっていて、勝ちたい！　と思っていた村澤明伸先輩や千葉健太先輩に対して、毎週練習のたびに勝負を仕掛けていました。このコースは最後に４００ｍほど坂が続くのですが、上り坂があまり強くなかった僕は、もっと早い段階の１㎞手前にある下り坂から仕掛けてみたり、勝つために色々な工夫をしたのを覚えています。僕がついていくと村澤先輩がちょっとイヤな顔をするので、そこからさらに近づいてみたりもしていました（笑）。僕が佐久長聖に入学したのは、ライバルたちに勝って1番になるため。結果を出すためには先輩の顔色を窺っていても仕方がないし、アグレッシブに勝負を仕掛けていました。むしろ、そういうところに練習の楽しみを見出していたし、先輩であっても競技においてはイーブンの関係性じゃないと気持ちが悪い。だから、村澤先輩たちとはすごくいい関係だったんじゃないかと僕は思っています。

学生スポーツのうちは友達を作るという意味でも、意識する相手やいいライバルがいることは大事です。ときには頼って、頼られてというように、誰かに依存することもあると思うし、良い依存であればそれもいいと思います。

ただ、僕は高校生の頃から、競技的な目線から見て友達になれないと思う人がたくさんいました。意識が低い選手とあえて目線を合わせる必要はなくて、むしろ俺はお前と違うんだ、これぐらいの努力ができるんだと彼らを反面教師にして、自分のやるべきことを見つめ直すようにしていました。悪く言えば見下しているのだと思うけれど、良く言えば現状に満足することなく目標を高く持っているということ。同じ方向を向いていない相手、仲良くワイワイとやりたいだけだったり、お互いを高め合っていけない相手との関係は、競技においては必要のない、無駄なことではないでしょうか。

居心地がいいチームを作るというのは簡単です。自分がエースならば常に周りから持ち上げられて、みんなが顔色を窺ってくれるようなチームを作ることはできる。それはすごく楽だと思いますが、気づかないところで甘えが出てくるはずです。それよりも僕は子供の頃から、より強いところ、より強い選手のいるチームに行きたいという気持ちの方が強かった。自分がチャレンジャーになれるチームを僕はずっと探していたのです。

常に勝ちたいと思っていた昔の僕は、レースの結果に固執して、一喜一憂していました。結果が出ないとき、他の選手がいいタイムを出したときはずっと悔しがっていました。当時は辛いところもあったけれど、今となっては学生の頃はそれぐらい誰かを意識して、苦しむことが必要だったのだなと思っています。そうやって他人に対して意識を向けすぎると疲れてきて、感情のベクトルは他人ではなく、自分に向けるべきなんだと学ぶことができる。今は葛藤の中で自分が一番必要な位置を見つけられたのだと思っています。

もうひとつ競技生活で感じたのは、僕は他人にはなれないし、他人も僕にはなれないということ。人の経験は人の経験でしかありません。だから無理をせず、自分の能力をちゃんと伸ばしていくことを意識したい。結局、アドバイスをもらったり、本を読んだり、色々と調べてみても、自分でやってみて感じなければ意味がない。僕もアドバイスを求められることがありますが、何を言っても結局自らに落とし込んでやらなければ同じじゃないでしょうか。

レースでは誰かと一緒に走る以上、どの選手にも勝ちたいという気持ちがもちろんあります。でもそれは「誰かに勝ちたい」と表現するのとはちょっと違います。もちろん、大会に出たら負けたくはないけれど、誰かと比べて良かったというよりは、１００％の力を出して、しっかりと自分のレースをした結果勝てたというところに充足感があるんです。メディアでは他の選手と比べられて騒がれることもありますが、それは外からの目線で、僕には何も関係ないこと。彼らと一緒に練習をしたこともないし、普段から話をするような間柄でもないですから、僕は彼らのことを何も知らないんです。それなのに常に意識しているがごとく取り上げられるのは、すごく違和感があります。

報道やネットを見ていると、人から見たときの僕にもすごく色々なフィルターがかかっているなと感じます。そういう不確かなものをもとにして印象は作り上げられていると知っているから、僕は他の選手のことに関しては興味がないし、逆に僕のことをみんながどう思っているかにもあまり関心はありません。ただし真実を曲解されて伝えられるというのは話が別。もし悪いところが僕にあるならば、正直に伝えてもらって構いませんが、間違った情報が伝わるのは本意ではありません。

例えば設楽悠太選手は同期ですし、意識していないと言えば嘘になります。お互いにモチベーションになっている部分もあると思います。けれども彼はどんな練習をしているんだろうとか、どれだけ強いんだろうとイメージをしても、それは自分がゼロの情報の中から作り上げた妄想でしかない。そんな妄想で頭を悩ませるぐらいなら、自分のやるべきことにだけ集中したほうが、よっぽど建設的です。

それでもあえて言うのであれば、設楽悠太選手は僕と似ているところがあって、ベクトルは違ってもマイペースなところは共通しているんじゃないかと思っています。逆に川内優輝選手はいい意味でも、悪い意味でも僕には参考にならない（笑）。選手は本当に人それぞれで、みんなが特別で、それぞれがそれぞれのことをやればいい。誰がどんなことをしているのか意識するよりも、僕は力をつけて、スピードをつけて、いかなる状況でも勝てる力を準備して、勝ちにいくだけです。

そこで100％の力で走って負けたとしても、そのときの僕の100％よりも彼らの100％が上だったということ。単純に彼らのことをすごかったと思うだけです。

一方でそういう取り上げられ方をすれば注目度も上がりますし、レースが面白くなることも理解はしています。色々な選手が活躍することで、マラソンの価値も上がってきているだろうし、東京オリンピックに向けて機運を高めていければと僕も思っているところはあります。でもその波に自分が不自然に乗っかって、意識しなくてもいいところまで意識してしまうことは避けたいのです。

オリンピックに出てメダルを取れたらいいなとは思いますが、順位は他人ありきのものだし、どうにもならないことを意識しても疲れるだけ。オリンピックはもちろん特別ですが、それでも他の大会と変わりません。あまり何かを背負いこむのは好きではないし、自由に生きたいタイプなので、ＭＧＣにもいつも通りの気持ちで臨みたいと思っています。

オレゴンに行ってからは、ライバルというよりも世界とどう戦っていけるかを考えるようになりました。２０１８年のシカゴマラソンでは、世界と勝負できるレベルに一歩を踏み出したいという思いがあった。いくら満足のいく練習ができたとしても、レースである程度形にならないと、新しい自分はなかなか作れない。ずっと世界の輪の外側にいたけれど、自分もなんとかその輪の中に入って戦いたいと思っていたんです。

だからモー・ファラーやゲーレン・ラップと走れることはすごく光栄でしたし、本当に楽しみにしていたんです。

モーは人格者で、誰にでも優しくできるフレンドリーですごく性格のいい選手。レース中に給水に失敗した僕にボトルを差し出してくれたけれど、元チームメイトでなくても、彼は困っている選手がいたら助けるタイプ。僕はあれで落ち着きを取り戻せて、すごく助かりました。ただ、前半はペースメーカーも落ち着かず、ペースも遅かったのでラスト１マイルになるまで日本記録を出せるとは思っていませんでした。

ゲーレンに先着はしましたけど、誰かに勝ったという喜びはありません。その場での勝敗はついたとしても、そこは謙虚に受け止めたいと思っているし、受け止めるべきです。実際、力ではまだまだ彼の方が僕よりも上でしょう。

レース後はモーが「おめでとう」と声をかけてくれましたし、ゲーレンはメディアの前で「チームメイトの日本記録をうれしく思う」とコメントしてくれたようです。それぞれが、それぞれでちゃんとやりきった感じがあって、他の選手に対してのリスペクトがあるからこそ、彼らのような言葉が出るのだと思います。

だから、このレースは暑いから日本人に有利だとか、外国の選手は報酬の多いレースを選ぶからこっちの大会を選べば勝てるんじゃないかとか、そういうイメージをしてレースを選ぶことはしたくない。他の選手が潰れていくことを考えるのって、待ちのレースですよね。僕は待ちにいくのではなく、ちゃんと勝ちにいきたい。2018年の東京マラソンで設楽選手が2位でゴールをして証明したように、記録が狙えるようなベストコンディションのレースでも世界と戦える選手はいるのですから。

マラソンを始めて感じたのは、勝ち負けは大事だけれど、それ以上にやってきたことをちゃんと出したいということ。他の選手も僕と同じように頑張ってきた結果、スタートラインに立っているということは想像できますよね。そう考えると、エリートランナーだけでなく、市民ランナーの方だってすごい。何カ月もハードなトレーニングに耐えて、一人での時間に耐えて、仕事の合間を縫って練習時間を作り、遊ぶ時間を削って、淡々と走り続けてきたということはすごく価値があること。特定の選手を意識することはないけれど、みんな個々に苦しい時間を乗り越えて、スタートラインに立っているということに対して、僕は純粋にすべてのランナーを素晴らしいと思っています。

2018 July / Sugadaira Kogen

2018 July / Sugadaira Kogen

2018 July / Sugadaira Kogen

2018 Chicago

ESSEX
ON THE PARK
TESSEX.COM
SSEX
804

TV 1

2018 Chicago Marathon

2018 Chicago Marathon

2018 November / Tokyo

2018 Hachioji Long Distance
Yakult
VAAM
D35
D19
D5
D24
D31

JFE
D34
KOMORI
VAAM
D 3
VAAM
38

2018 Hachioji Long Distance

ウエイトトレーニングについて。

大学のときのトレーニングといえば、本当にただ走るだけでした。だから、3年生で初めてオレゴンに行って練習を見せてもらったとき、こんなにウエイトトレーニングをしっかりとやるんだ、と驚いたんです。帰国してからは、それまでの練習メニューに加えて、ウエイトトレーニングを取り入れるようになりました。

今思えば、始めた当初は身体の使い方や力の出し方がちょっと間違っていたのでは、と思うぐらい動きがぎこちなかったし、毎回筋肉痛にもなっていました。このトレーニングは僕に合っているのか、本当にこれでいいのかと思ったこともあります。ただ、スピードを出すためにはスピード練習だけではダメで、僕に足りない部分を補うためにはウエイトトレーニングが必要だということを言われ、僕の立場としてはやるしかなかった。

ウエイトトレーニングには即効性はありません。どこかのポイントで急に力がついたということもないし、本当に時間をかけて取り組んだことで、実感がない

ままに身になっていったという感じです。最初は慣れない練習と闘っていた部分があったかもしれませんが、今ではあるべきものとしてやれるようになりました。筋肉痛にもならなくなったし、結果もしっかり出るようになったので、僕には合っていたんでしょうね。僕のトレーニングを見て、すごいと言われることもありますが、それは外から見た方が分かることかもしれません。僕からすると他人との差は分からないし、オレゴンに行った当初から何が変わったのかも正直分かりません。プロセスを積むことは大切ですが、今のこの結果というのが大事で、過ぎたこと、終わったことと比較しても意味がありません。だから僕はメモ程度を残すことはありますが、毎日練習日誌をつけることもありません。結局トレーニングについては外から評価をしてもらった方が分かるのではないかと思っています。みんなすごく即効性を求めてトレーニングをしたり、新しいことに飛びついたりするのですが、結果というのは忘れた頃に、自分でも気づかないうちに出るようになるものではないでしょうか。

不安をコントロールすること。

昔は不安をコントロールすることが得意ではありませんでした。人よりも焦りが強く、常に不安や焦りに支配されていて、高校生の頃は両角速監督にもよく叱られていました。

大人になれば分かることなのですが、高校生ぐらいまでは個々の成長具合には大きな差があります。どちらかというと僕は遅咲きタイプで、高校に入学した当初は体があまりできておらず、同級生と比べても出遅れていました。中学3年生のときに勝負できていた選手たちと差が開いてしまって、勝負できないはずはないのに、と常に焦りがありました。頑張って追いつかなきゃと練習をハードにしたり、力の差を理解してレース運びをすればいいのに無理してついていってしまったり、ラストに仕掛けるべきところを焦って早々にスパートしたこともありました。練習やレースで失敗したことを挙げたら、キリがありません。

練習して伸びない時期というのは、やはり誰しもが不安になります。ただ、初めはすごく気にして、気にして、気にしすぎて疲れてしまい、もう無理だ、と思った先に次のステージがあると思っています。1回の練習に囚われるのではなく、そのぶん他の練習で強くあればいいということ、1カ月の練習の中で疲れたときは、疲れたなりに頑張れたことに価値があるのだということにも気づきました。中学、高校と不安の中、頑張ってきたことで、段階的に学ぶものがたくさんありました。

だから不安をセーブすることも必要だけれど、高校生ぐらいまではそれぐらい焦って、前のめりな気持ちでいた方が良いと感じてもいます。あの経験があったからこそ、僕は成長できた部分が大きいのです。

もともと意欲のない人が1カ月というスパンの中でうまく自分を納得させるのとは違います。その年齢なりに質を求めて練習をして、できないときはすごくイライラしたり、苦しんだりしながら、不安にどう対応したらいいかが分かってくる。そうやって過去も未来も葛藤の中で過ごしていくことに僕はすごく価値があると思っています。逆に、最初からスマートにやろうとして、結果として同じ答えにたどり着いたとしても、それはあまり意味があるとは思えない。僕が中高生のときから理解があって、スマートにやっていたら、何にも挑戦できないままで終わっていたでしょう。

ナイキ・オレゴン・プロジェクトに所属する前も不安はありました。すごい選手ばかりの中、僕には彼らほどのスピードはないし、勝つためにはクレイジーに走らなきゃいけないんじゃないか、自分の健康やキャリアを犠牲にして、勝ちにいかなきゃいけないのではないかと焦っていた部分がありました。

そんな状態だったのでオレゴンに行った当初は気持ちのアップダウンがすごく激しかっ

た。その頃の僕はトラックレースをメインにしていましたが、成績は不安定で、どうしたら世界と戦えるのかとずっと手探りをしているような状態。ちょっと故障をすると昨日は調子が良かったのにと考えてしまったり、今日はすごくダメだったと自分の状態と比例して気持ちが浮き沈みして、精神的に不安定でした。

コーチのピート・ジュリアンに、他の選手よりも体格が劣る自分はもっと練習をするべきじゃないかと相談をしたこともありました。ピートは「その考えは違う。体格差などは関係なく、先入観を持たずにやるべきだ」とアドバイスをくれて、納得はしたのですが、不安が消えることはありませんでした。

転機を迎えたのは、リオオリンピックを控えていたときです。選考会前の1、2月に僕は故障をしていて、すごく焦っていたんです。もっとハードにトレーニングをやらなきゃいけないという気持ちが強かった反面、冷静に考えないと戦っていけないと思った。そこから本を読んだり、メディテーションを取り入れたりして、徐々に学んでいくとともに、トレーニングをしているがゆえに、不安というものの実体も分かってきました。結局、レースは練習したことがすべて出てくるのだから、意識を高く持って練習していけば、不安は和らぐし、気持ちの余裕も生まれてくるということに気づいたんです。

僕は限りなく100％に近い努力をするだけ。不安は自分の中から生まれた不確かな偶像で、実体のないものを意識するぐらいであれば、本当に今やるべきことに集中をした方がいいという考えに落ち着きました。

今はマラソンであれば世界と戦えるということが分かって、ベースの部分では精神的にすごく穏やかになりました。

ただ、レースが決まれば、練習を始める半年ぐらい前から、不安や緊張の度合いは徐々に大きくなっていきます。でもその不安も他人が与えたものではなく、自分の想像上のものでしかないと考えるようにしています。

もうひとつ、ランナーにとっては怪我への不安があります。でも、いくら気をつけていても問題が発生することはどうしてもあるし、まずはいかに初期段階で対応するかが大事になります。痛みや調子が悪いところが出たら、２日間のジョグだった計画を３日間にしたりして、完全に走らないということはせずに対応していく。練習を休みたくないからこそ、故障の最初の兆候には敏感に気づいて、不調を最小限に抑えることが重要で、身体へのアンテナを立てておけば、怪我への不安は軽減されるはずです。不安に動かされて、やりたいという思いだけで練習をしてしまうと、故障をして1カ月単位で休まざるを得なくなることもあって、これは一番避けたいパターン。１日、２日メニューを軽くするぐらいなら大した違いにはならないので、僕は身体が発しているサインを、いかに敏感に気づくかということに注意しています。

怪我をしないということは難しいことで、運もあると思うんです。僕は現にアキレス腱に不安を抱えていますが、故障したとしても一喜一憂しないで何ができるかを冷静に考える。ただ、不調が出てももう少しいけるんじゃないかと思ってしまうのも分かります。僕も休む勇気を持ちたいなと考えているからです。

僕の悪いところは、設定された距離や時間よりも多く走ってしまうところ。これだけの練習でいいと言われているのに、気持ち的にはもう少し速く走りたい、もう少し長く走りたいと思ってしまう。そうした欲をなくしていくことで、同じ練習をしていても、もう少し身体に余裕ができるのではないかと思っていて、それが今の僕の課題です。

これまで、結果が出なくて不安になったりへこたれたりしたことは数え切れないほどあります。けれども、色々な人と会話をしたり、自分と向き合うことで強く、タフになっていきました。感情の起伏の差はもちろん今でもあって、イライラしている自分に気づいたりすることもありますが、以前よりも気持ちをうまくコントロールできるようになりました。

不安は誰もが持つものです。僕はそのネガティブな感情を一度受け入れることも大切だと思っています。つい抗いたくなってしまうけれど、その感情を受け入れて、許容する。ネガティブな感情を自覚すると、他のポジティブなことで対処ができるようになるものです。捉え方の違いだけで、結局は同じことなのだから、ポジティブに置き換えていくように気の持ち方を変えればいい。

そして、「『今』を積み重ねること。」でも言いましたが、辛いときこそ前を見るのではなく、下を見て一歩一歩進んでいけば、そんなに苦しむことはないと思います。不安や焦りは他と比べたり、他人からの評価について反応してしまうからであって、自分の足元だけを見ていれば、その瞬間瞬間に価値があるということが分かるはずです。

結局、今日の自分のベストを尽くすしかないんです。じゃあ今の自分にできることはなんだろうかとポジティブに考える。そうなれば不安はだいぶコントロールできるようになります。

今後、成績が落ちてしまったら、またどうしたらいいか分からなくなったり、苦しんだりすることもあるかもしれません。でも、そういう期間が必要なときもあるとプラスに考えています。もがかないと、静寂や落ち着きも生まれない。だから、不安を抱える時期が来ても、焦らず元の自分に戻してあげるだけです。

引退後のキャリアに関して、色々と考えるときもありますが、準備できることは準備をして、準備できないことに関しては仕方ないと受け入れています。不安になることの方がもったいないし、先のことはあまり考えず、自分の足元を見つめて、集中するだけです。もし失敗したとしても、死んでしまうことはないのですから。

言い訳をしないこと。

僕は基本的に自分に対しても誰かに対しても言い訳をすることが嫌いです。言い訳をしてよくなるということは絶対にないと確信しているからです。

子供の頃から両親は僕に対して、自分が何をしたいのか決断をするときは自分自身で決めなさいと言っていました。それは後に言い訳をしないためにはすごく重要なことです。

例えば、レストランに行って料理を選ぶとします。どっちのメニューにしようかと悩んでいるときに、誰かに「前に食べたけど、これおいしいよ」と他のメニューを勧められた場合、どうしますか？　他のものも食べたいなと心残りがありながら、勧められたメニューを頼んだとします。それが思っていた味と違ったり、別の人が頼んでいた料理の方がおいしそうだったとき後悔しませんか？　この人に勧められなかったら選ばなかったのに、と思うかもしれません。でも最初から自分で決めたメニューなら「仕方ない」と思えますよね。小さな決断でも、誰かの意思で決めてしまったときはすごく後悔するものです。

ところが周りのことが気になって自分で決められない人、他人の意見で物事を決める人は意外に多い。決断するときに「どうしたらいいですか？」と誰かに指示を仰ぎ、その通りにやるんだけど、結局うまくいかない。でも、それはアドバイスをした人のせいではないんです。そしてそういう人ほど言い訳をします。「あの人があんなふうに言うから、僕はやったんだ」って。

学生のとき、入学した頃は僕と同じぐらいの実力だった選手がいました。その選手は判断を絶対に誰かに仰いで、失敗すると「あの人がこう言っていた」と文句を言うばかりでした。それでは成長はしません。そもそも全幅の信頼を置いて、もしそれが覆ったら、バカを見るのは自分です。どんなに正しいと思うことでも、自分の中で少し距離を置いて、客観視することが重要で、僕は僕で譲れないところがあるし、監督やコーチにも譲れないところがあるのだから、ちゃんと話し合って、ＷＩＮ－ＷＩＮの関係になれるところで一緒にやっていくべきなんです。

団体、モノ、人……日本人は特に何かに依存する傾向が強いと思います。もっとそれぞれが独立していていいと思うんです。もちろん僕が全く依存をしていないかと言ったら嘘になります。でも、依存をする部分があっても、全面的な依存はしないし、誰かに媚を売る必要もない。依存をするというのは、その方が楽だからではないでしょうか。結局、そういう人はベクトルが外に向いているんです。ダメだったときに誰かのせいにして、保険をかけたいのかもしれません。でもそれでは何も残りません。僕はなるべく自分にベクトルを向けるためにも、自分のことは自分で決めているんです。もちろん、僕がアドバイスを求められたら答えますが、いくら口で言っても、本人がその言葉の重みを感じて気づかなければ、何も変わらないでしょう。

こういうことは他の選手を見て、学んだところが大きい。他人に依存をして言い訳をすることが当たり前になってしまうと、競技に限らず、これからの人生においても、他人ありきになってしまうのでは。そういう怖さを感じたんです。もちろん人は一人では生きていけないし、絶対に誰かに頼って生きてはいるけれど、必要以上に頼るべきではない。

もちろん自分で決断した選択が正しくなかったこともありました。けれども後悔をするときはだいたい人の意見に流されたときで、自分で決めたときは後悔は残らない。むしろ今回ダメだったから、次はこうすればいいんじゃないかとポジティブに考えられるものなんです。

もうひとつが自分に対する言い訳です。

誰かが結果を出すと、靴であったり、練習環境であったり、外的要因を求める風潮があります。けれども僕がナイキ・オレゴン・プロジェクトでやっているトレーニングを見たら、多くの人は驚くのではないでしょうか。最先端の科学的トレーニングをしているのではないかとか、新しいシューズを履いて結果を出せば、やはりすごいイノベーションなんだとか言われますが、僕からすると考え方が歪んでいるとしか思えない。瀬古利彦さんは現役時代、練習量がすごく多かったことで知られています。それを瀬古さんは特別な人だから、クレイジーだから、雲の上の存在だから、と自分とは違うから仕方ないと納得させるのも同じことです。

きちんと考えたら、それは決して特別なことではないし、俯瞰して今の自分はどうなのかと見つめ直してみたら、自分がどれだけやっていないか気づくはずです。泥臭く走り続けることでしか、強さは手に入れられないし、毎日、淡々と普通に続けることが実は一番難しい。でもそれを認めてしまうと、自分が頑張らなきゃいけないことに気づいてしまう。だから自分に対しての言い訳をする人が多いのではないでしょうか。

かくいう僕も大学3年生の頃までは、そういうことは見えていませんでした。でもナイキ・オレゴン・プロジェクトに一歩足を踏み入れたら、嫌でも自覚せざるを得ない状況でした。モー・ファラーやゲーレン・ラップはものすごいボリュームの、質の高い練習をしていました。それを見たら世界のトップ選手ですらここまでやらないといけないんだと、腹をくくらざるを得なかった。それと同時に意外とこれぐらいでいいんだと思うところもありました。知らないことから目を背けていたら世界を感じることはできないし、世界との距離は開くばかりです。向き合うことの怖さ、知ってしまうことへの怖さはありますが、強くなるためには目を背けるべきではない。むしろ僕にとって、できないことはないんだと感じられたことは大きなプラスでした。どこまで知る必要があるかは分かりませんが、僕は世界を知りたくてオレゴンに行きましたし、向き合ったことが今の力になっていると思っています。

足が痛い、疲れている、休めば次の練習は良くなる。走る気分にならないとき、練習をやらない理由を探しますよね。だけどそれは誰もができることです。一番難しいのは自分が走ることについて、やるべき理由を探して、それに向かってちゃんと集中するということ。本来は当たり前のことですが、色々な選手を見ているとやらなくていい理由を探す人がすごく多いと思います。でもベクトルを変えて考えてみるだけで、その練習はすごく意味のあるものになるし、妥協がなくなっていくんです。例えばマラソンの場合、練習期間中は常に足が張っていて、痛くないときの方が少ないからやらない理由にはなりません。

もちろん、故障をしているときはありますが、ダメならダメなりの目標を立てればいいだけで、そこにも達成感は必ずあります。佐久長聖高校では、怪我をしていても体重コントロールを目的として水中トレッドミルを2時間やったり、4時間バイクをこぎ続けている選手もいました。それはやらざるを得ない環境で、自主的にではなかったけれど、そうやって自分を磨き続けることができた。もし40㎞走をやっていて、20㎞で足が痛くなったなら、一度戻って、トレッドミルで足が痛くならないペースで残りの20㎞を走ることだってできる。でも多くの選手はそれをしません。

心から思うのは、やらない理由はないということ。まず最初に自分に言い聞かせるべきは、やらなきゃいけないんだ、ということ。目標タイムで走りたいとか、40㎞走が終わったら何を食べようとか、小さなモチベーションを考えるのもいいでしょう。僕も明日40㎞走があるから、少しぐらいケーキを食べてもいいよね、という言い訳ぐらいはします。そういう妥協がないと疲れてしまいますから。でも、そのぶん陸上に直結する部分は妥協なしにやる。妥協していい場所と、譲ってはいけない場所というのは、きちんと線引きをするべきです。

みんなもっとシンプルに考えるべきではないでしょうか。できた、できなかった、やった、やらなかったで判断をすればいいのに、言い訳を探してしまう。その言い訳に価値はあるのでしょうか？　ないですよね。足が痛くて走りきれなかった。そこには走りきれなかった事実があるだけで、謙虚に受け止めるべきです。できなかった理由を探しても何にもならないし、物事はもっとシンプルに判断すればいい。

当たり前のことですが、結果というのは結局今の積み重ねでしかありません。ときには一生懸命やっても結果が出ないこともあります。だからといってやらなかったら、絶対にできないままです。だから、やっていくしかないんです。

やらなくても、たまたま良い結果が出ることもあるかもしれません。学生の頃、レースでは練習＋αの力が出ることがあると言われたこともありました。練習をあまりしない選手が良いタイムを出すこともあって、僕も当時はなんであの選手は速いんだろう、と思ったこともありました。でも、それは再現不可能な結果でしかありません。練習をあまりしなくて、＋αの力で良い結果が出たとしても、僕は意味がないと思うんです。ほわほわと調子のいい練習をしてきて、10本に1本走れるようになってうれしいでしょうか？　それよりもたくさんの練習を積んできて、そこに至るまでにすごく時間はかかったけど、満足のいくタイムが出たということに価値がある。10本中9本結果を出そうと思ったら、考えられた練習を地道にひとつひとつ継続していくしかない。けれどもみんなその過程で諦めてしまうんです。

一方で必要な言い訳もあると思います。特に自分が次に進むための言い訳というのはすごく必要でしょう。リオオリンピックで成績が残せなかったとき、僕はその中から良かったところを一生懸命探して、そこを伸ばしていこうと、次に向かうためのいい要素を入れた言い訳を自分にしました。こうすればもっと走れたんじゃないかとか自分がコントロールできない生理的な現象ではなく、自分の良かったところに目を向ける。自分を落ち着かせて、次に向かうための言い訳でした。

良かったレースでも自分の中で反省するときもあるし、悪かったときでも自分にとっては良かったと思えることもある。関係の薄い他人の意見に惑わされることなく、自分の目、練習をずっとサポートしてくれたコーチたちの目でレースを見直し、反省していくことが大事だと思っています。

日本記録を出したシカゴマラソンでは、自分ではひとつ納得はしましたが、まだ優勝はしていないし、勝つことができなかったのだから、まだまだ頑張らないといけないんだと言い聞かせていました。

悪かったときは、あの期間は頑張ったし、100%こなしてきたけれど、できなかったことは仕方ないという言い訳をすることが多い。一番良くないのは気持ち的に負けてしまうことです。

2019年の東京マラソンでは初めてリタイアをしました。注目度が高かったこともあって、大きく取り上げられましたし、体調は大丈夫なのか、落ち込んでいるんじゃないかとすごく心配をしてもらいましたが、終わった直後の僕のなかでは単にひとつの瞬間でしかなかったと捉えていました。マラソンでの途中棄権は初めてでしたが、トラックレースにおいては2015年5月に記録を狙って参加した日本選手権の1万mのように、リタイアをしたことは何度もあります。僕の中で棄権はレース中の選択のひとつでしかない。もちろんすごく悔しかったけれど、自分が目的としていたことを果たせないのであれば、この経験を経て進んでいくしかない。だから言い訳はしたくなかった。マラソンでもトラックでも結果が出せなくて悔しい気持ちは一緒です。けれども東京マラソンでは、何があっても、これからやらなくてはいけないことは変わらないし、自分に何が必要かは分かっているし、今まで通りやっていくだけだと決心ができたので、トラックのときよりもむしろ気持ちの切り替えは早かったと思います。

ただ、自分が進むための言い訳は、プロランナーとして絶対に人には見せてはいけないと思っています。プロランナーの定義は曖昧ですが、僕は周りから見て格好悪い言い訳は絶対にしたくない。プロはプロの価値を下げるようなことをしてはいけないということです。

僕らは実業団の選手よりも、走ることに多くの時間を割いています。実業団の選手は、自分がこのレースに出たいと思っていても、チームが目標とする駅伝などと日程が重なれば、チームを優先せざるを得ないこともあります。そういう意味では実業団には言い訳をしたくなる要素があるのも分かります。僕自身はプロに固執していたわけではなく、行きたい環境を選んだ結果プロになっただけです。けれども、その意義を考えたとき、前進し続ける姿勢を見せることが大切だし、魅力があって憧れてもらえるような選手でいなくてはいけない。

進んだ先がいかなる道でも、自分で選んだからこそ後悔はしないし、責任も負うべきなのです。

目標を立てること。

僕の目標の立て方はシンプルです。半年か1年に1回、大きな目標を立てて、それを達成するためのプロセスを大雑把に決めるだけです。コーチのピートと相談をして、狙う大会が決まっても、意外とメニューは細かく組み立てません。シーズンインをした頃に、何を目的にやっていくのかということをピートと軽く話はしますが、短くても1週間、大体は1カ月単位で今回はこういうトレーニングをしていこう、今月はもうちょっとボリュームを出していこうとか、課題についてはその程度。あとはその都度話し合って、そこで決めたプロセスに集中していくだけです。ただし、そのときの設定タイムや週間走行マイルなどは、すべてゴールである大きな目標にコネクトしています。前々から小さな目標や中間目標を設定することはありませんが、ひとつひとつの決断をするときには、その理由がすべて最大の目標とつながっていることが大切です。

メンタルについては別のスタッフと相談をします。今の自分に何が必要か3つ挙げてみたり、前回の大会はここが足りなかったから、今回はこうしようという話をします。

日本にいた頃は大きな目標というのは一応決まっていましたが、プロセスには曖昧なところがありました。それは今の日本の選手を見ていても感じるところです。

例えば、大きな目標を達成するための練習の一環として出ている大会なのに、そこに合わせて調整をしてしまっている選手が多いように思います。それは最終目的が明確ではないからじゃないでしょうか。半年後の1万mで記録を出すことを目標にしたとします。その場合、大会の1~2カ月前に出る大会においては、あまり練習の量を落とすべきではないと僕は思っています。なぜなら、目的の大会に向けての練習をしている中で、どこまで頑張れるのかを見るべきだからです。ところが目の前の大会だけに集中してしまって、本来の目的であった大きな目標のための練習がおろそかになっている。すると中間のレースの成績は良かったのに、最終目標であるレースで目指す成績を達成できなかったということになりかねない。本来であれば点と点は線になるはずですが、それが点で終わってしまっているんです。目標までに100の力が必要で、それを貯めるために大会に出ているはずなのに、そこで力を使ってしまったら、最終目標にたどり着く頃には、力が残っていませんよね。記録が出たときの快感はみんなあるし、僕にもあります。目先の勝利に一喜一憂する気持ちも分かります。でも、自分が目指すべき最終目標は見失ってはいけないのです。

最終ゴールというのはみんな見つけやすいと思います。けれども始まりから中間地点で、いかに今の成績に囚われないかが大切。もちろんタイムなども大事なのですが、それが最終的にどういう形になるのかということをイメージした上で、今に集中することです。

練習の一環として出た大会の結果が良ければもちろんそれでいいですし、悪かったら悪かったで仕方がない。なぜならそれはひとつの練習でしかないのですから。練習のために1週間前から調整はしませんよね？　中間の大会は緊張感のあるポイント練習ぐらいに捉えることが必要です。

けれども、日本ではそれが許されない環境にあるのかなとも感じています。選手たちは練習のための試合だということを理解していても、コーチやマネージャーがそこでの成績に固執してしまって、タイムに一喜一憂して判断してしまう。日本の記録会に出ると、1回の試合で良い悪い、お前はできるできないみたいなことを判断されるし、結果を出さないと何か言われてしまう。そういう雰囲気をすごく感じます。けれども選手のことを考えたら、別に練習の一環なのだから、前日にちょっと調整をするぐらいでいい。競技においてはアップダウンは絶対にあるものです。東京マラソンやトラックシーズンを含めて、僕にもダメなときはありました。だからこそ、もっと長い目で見て、目標を達成するためにはこの試合をどう捉えるべきかをきちんと判断するべきです。

特に子供たちはどうしても目先のことに囚われがちです。彼らに長期的なスパンを意識しろというのは間違っていて、そこは指導者が目標を達成するためのスケジューリングをするべきです。それは大会に限らず、彼らの競技人生まで含めて。指導者やコーチが目先のことに焦らないようにすることが課題だと思っています。

一番良くないのは、指導者と選手たちが同じ目標を持っていないということ。駅伝をやりたい選手であれば、駅伝は目標になりますが、トラックをやりたいという選手が駅伝チームに入ってしまうと、目標がイコールにならない。選手はトラックで4～8月までしっかりと活躍したいと思っているのに、駅伝で成績を残すためのトレーニングもしなくてはいけなくなる。本来そこは歩み寄れないところだと思うのですが、学生という立場では指導者の意見を聞かなくてはならない。そうやって結局潰れていく選手が出てくるのは、すごくもったいないことだと思っています。

たとえ目標が達成できなかったとしても、僕は本当に細かな修正をするだけで、大きく何かを変えようとしたことはありません。それもすべて指導者とのコミュニケーションがあってのことです。僕の考えだけだと練習をしすぎてしまうこともあるのですが、今はピートが同じ方向を向いて指導をしてくれることでバランスが取れています。もちろん、僕は僕、彼は彼で譲れない部分はあります。でも二人が目指すゴールは同じだから、お互いの意見を素直に聞けるということに、大きな意味があります。

今の僕であれば、最大の目標はＭＧＣです。そこで１００％の力を出すために、今の自分は何をしなくてはいけないのかということを考えているだけです。小さな目標はただの過程であって、指標にはなりますが、そこがゴールになるような努力はしません。それが目標達成のプロセスだと思うのです。

ではＭＧＣに向けて、どんなプロセスを考えているかというと、一番大事なのは単純に故障なく練習をするということ。東京に行ったり、注目度が高くなるとどうしても考えすぎて、勝手にプレッシャーに感じてしまう自分がいるので、そういうのをいかに乗り越えるかも課題です。スタッフといつも話をしているのは、いかなることがあっても自分が驚かないように心の準備をすること、不動心でこなすことが大切だということ。悪い日もあれば、いい日もあります。それに一喜一憂せずに動かない心を持って、そのときのベストを尽くす。それらがしっかりとできたときには、僕は勝てると信じています。特別なことは何もしていなくて、目標を達成するためにいかに無駄なことをしないか。すべての決断は最終的な目標のためにある。何度も言ってきていますが、それが一番大切です。

もちろん東京オリンピックについても考えたいと思うところはありますが、ＭＧＣが決まらないことには考えても無駄ですし、そこまでの余裕はまだありません。

競技においてすごく長い目標を立てるということはありませんが、競技以外については、指導者になることを長期的な目標としています。そのために帰国した際にはランニングクリニックを開催するなどして、今から自分に何ができるのかを考えるようにしています。２０１８年に高校生向けに行ったクリニックでは、ピートも見学に来てくれました。彼はプライベートな面を含めて、僕が何をしているのかを知りたがってくれているんです。見学後、指導方法についてアドバイスをもらうことはありませんでしたが、自分のことだけでなくて、次の世代に何ができるかを考えることは意味があるし、そういうことに目が向いているのはいいことだと言ってくれました。

　指導者としての自分を目標としたことで、自分がやってきたこと、自分にしか彼らに伝えられないことをちゃんと発見して、その環境を整備して、次世代の選手たちにいかにうまくつないでいけるかを考えるようになりました。今、陸上においては中学、高校、大学、実業団という選択肢しかほぼありません。実業団に行ったとしても、選択肢はあまり多くないように思います。でも、大学に通いながらアメリカでトレーニングをすることもできるし、博士号を取りながらでも競技は続けられる。大学を卒業してから進む道を決めてもいいとなれば選択肢はグッと広がります。高校を卒業して、アメリカの大学に行きたいとなったら、僕が伝えられることもあると思うのです。もちろんトレーニングについての指導も大切ですが、それはある程度誰にでもできることで、次の選手に選択肢を広げた状態でバトンを渡す、そういう流れをうまく作ることが、僕のやるべきことではないかと、漠然とはしていますが、考えています。

日本陸上連盟に対してのツイートをしたことも同じです。陸上に限らず、小さなコミュニティにいると、その中では自然で正しいことだからと完結してしまうことが多いと思うんです。問題を解決するよりも、そのままでいいんだと流してしまうこともある。僕も日本にいたときには気づかなかったことがたくさんあります。けれども日本から一歩離れた環境に身を置いたことで、幸運にも色々なことに気づけた。もちろん外から見ているから僕には理解できないことがあるのかもしれません。ただ理解できないことがあるということを知っているからこそ、理解しようと思って努力するわけです。ところが理解できないことがあるというのを知らない人にとっては、理解できない人は単純に異質な存在として排除してしまう。ツイートについては、もちろん自分がなぜ出場できないのかと思ったところがスタートでしたが、考えれば考えるほど、僕だけでなく、他の選手にとっても失礼な話だと思ったし、これは選手のためにならないのではないかと思ったからこそ、問題提起の意味を含めて発信をしたわけです。

僕が発信することや指導することへの説得力を高めるには、結果を出すということが大前提ですが、その目標が達成できたときには、現実的に次のステージが見えてくるのではないかと考えています。

1番にこだわる。

小学校4年生のときです。それまでずっと1位だった徒競走で、初めて2位になったことがありました。それが悔しくて悔しくて、それからしばらく、僕はずっと手のひらに〝1番〟と文字を書き続けて生活していたんです。朝起きたら自分で〝1番〟と書いてから、学校に行く。いつまで書いていたかは覚えていないのですが、子供の頃から1番に対しての思いは変わっていません。

些細なことですが、1番の駐車場が空いていたらそこに停めたいし、ロッカーも目線より高くて使いづらくても絶対に1番を使います。どんなに2番の方が使いやすくても、空いているなら1番がいい。もし1番が埋まっていたら、11番、11番がダメなら111番、なかったら10番……。どこかに1を入れておきたい。空いていなくても、ストレスを感じることはありませんが、空いているならもらっておこうよという感覚です。逆に僕から言わせると、なんで1番を取らないんだという話です。さすがに勉強は1番になれませんでしたが（笑）、何気ないところから1番にこだわるというのは大事です。

ずっと1番と書いていたのに次の日から書かなかったら、ずっと1番を使っていたのに次の日から別の番号を使っていたら、1番でなくなってしまうかもしれない。やらなかったせいでもしかしたら負けてしまうかもしれないという気持ちになるんです。この練習で手を抜いたら、もしかしたら何か大きなことに影響するのではないか。そういう緊張感に似ていて、それは今でもある気がします。

一方でそうやって1番にこだわっていることを楽しんでいる部分もあります。マラソンもそうですけど、結果は最も大事ですが、決してすべてではない。だから、こだわっている割には1番を取れたり取れなかったりしたことにいい意味で固執しません。

1番にはこだわるけれど、あいつに勝ちたい、こいつを負かしたいという思いはありません。仮に自分がチームでトップを取ったとしても世界や大きな目で見るとトップではないし、大したことではない。1番を取ったからといって止まってしまったら意味がないですよね。だから常に自分がチャレンジできる相手が欲しいし、チャレンジャーでありたいと思っています。

子供たちに伝えたいこと。

将来、指導者になりたいというヴィジョンはあります。アメリカに行ったからこそ次世代の選手たちに伝えられることがあるのではないかと考えているのですが、僕も初めての経験になるので、教え子ができたら一緒に学びながら成長していきたいと思っています。だから、まだ何もしていない今の段階で子供たちに変なアドバイスはできないのですが、それでも僕が自分の競技人生で学んだことをここで伝えられればと思います。

多くの人が言っていることですが、陸上だけしか知らない人にはなってほしくない。陸上しか選択肢がない人生よりも、色々なことを経験しておいた方が人生は豊かになるような気がします。それは他のスポーツでもいいし、勉強でもいい。陸上で高校・大学に進んだら、いやでも陸上漬けになります。だから中学生ぐらいまでは陸上だけを頑張るのではなく、色々なことに興味を向けた方がいい。それは僕が経験してこれなかったからこその後悔でもあります。進路についても、高校、大学、実業団しか選択肢がないわけではありません。アメリカの大学に通いながら競技を続けることだって夢ではありません。そういう可能性を広げるためにも色々なことに挑戦してほしいと思っています。

特にスポーツは、ぜひ違う競技を経験してほしい。僕が小学生の頃は野球と水泳と剣道もやっていました。走るということは前に進むだけのシンプルなスポーツです。違う競技を経験すれば、横や縦など色々な動きを身につけることができるし、サッカーや野球ならチームスポーツについて学ぶこともできる。その上で走ることを選択してくれて、その中から世界と戦う選手が生まれればうれしいですね。若いうちは走ることを真剣に考えすぎず、楽しいことの一環だと捉えてほしい。特に小学生のうちは毎日走らなくてもいい。走ったとしても体を軽く動かす程度で十分です。大学や実業団に入ると嫌でもプレッシャーがかかるときや、悩んだり辛くなる時期が来ます。子供の頃にリラックスして、楽しく走る感覚を知っておけば、大人になったときでも走る喜びを失うことはないと思いますし、色々な技術を身につけて、将来的に役立ててほしいと思っています。

食事については、好き嫌いなくバランスよく食べることが大切です。僕も子供の頃はお菓子が好きだったり、毎日コーラを飲みたいと思っていたけれど、そればかりじゃ良くない。特に小・中学生は成長期なので、何を食べるかによって、高校生、大学生になったときに違いが出てきます。丈夫で、練習をいっぱいできる身体になって、タイムを上げるためには食事がすごく重要なのです。走ることにおいて体重が軽いほうがいいという風潮もあるけれど、成長期は無理に体重をコントロールしようとすると成長過程に影響を与えることになるので、体重に左右されず、しっかりと食べることが大切です。

僕の子供の頃は寝るのがすごく早くて、9時ぐらいには寝ていました。やはり寝られるだけ寝ておいた方がいいでしょう。大人になるとトレーニングの重要性は上がりますが、小・中学生のうちは、栄養と睡眠は練習以上に大切だと思っています。

考える力を養うことも大切です。大人を信用しないわけではないけれど、誰かが発した意見については、しっかりと考えることです。監督やコーチに言われたことに対しても、じゃあ自分はどう思うのかをきちんと考える。他人の意見は他人の意見で、ときにはその人にとって都合のいいことを言うこともあります。だから意見は聞きつつも、それは自分にとって正しいのか、自分にとってメリットがあるのかをしっかりと見つめ直して、考える時間を作るといいと思います。

子供のときの成長具合は人それぞれです。成長期には頑張っているのにタイムがなかなか伸びないこともあります。それでも妥協なくしっかりと練習をこなせていれば大丈夫。

悩むこともあるかもしれないけれど、すごく悩んで苦しんだり、悩みについてじっくりと考えてみるのもひとつの手です。どうやったら強くなりますか、と聞かれることもありますが、どの競技においても練習を重ねて、もがかないと強くはなれない。練習で苦しい思いをしなければ速くなれないのと同じように、気持ちでも苦しい思いをして、自分で理解していかないことには次へと進めないのです。考えて、考えて、それでも答えが出ないということはありません。それが正解かは分からないけれど、何かしらの答えは出てくるはずです。悩んだ先に出た答えというのはすごく価値のあるものです。多くの選手を見てきて、自尊心が弱かったり、自分がない人は、誰かに認めてもらわないと潰れてしまうことが多いように思います。せっかく答えを出したのに、他人に意見を言われると自分が間違っているのかなと悩んでしまうこともあるでしょう。もちろん誰かに認めてもらいたいという思いは僕にもあります。自分に対しての疑問は持つことは大事ですが、もがいて頑張って、頑張って、たどり着いた答えは自然と受け入れられるものだと思うし、大事にしてほしい。

若い頃は自分が何に対して悩んでいるか、分からないこともあると思います。でも、それでも若いうちは悩んだらいいと僕は思います。自分を信じて悩めばいい。その経験が無駄になることは決してありませんから。

大人たちに伝えたいこと。

僕の両親はいつも、自分が好きなことをしたらいいというスタンスでした。中学に入学したとき、学校に陸上部がなかったため、父は陸上クラブを探してきてくれましたし、週に一度、町田市から江戸川区まで片道約1時間の送迎をしてくれました。母は栄養が偏らないようにメニューを考えてくれて、毎食鉄分を補うためにひじきを出してくれました。食事でアドバイスをするのであれば、ひじきは植物性の鉄分ですが、吸収効率を考えると、動物性鉄分のレバーなども取り入れてあげるといいでしょう。毎食栄養バランスを考えて食事を作ることはすごく大変だと思いますが、親御さんには頑張っていただきたいと思っています。

ただ、そうやってサポートはしてくれましたが、両親から競技について何かを言われることはありませんでした。レースの結果についても、いい成績を出せば喜んでいたかもしれないけれど、試合について何かを言われることはなかったし、競技を始めてから今まで、親からのプレッシャーを感じたこともありません。僕が共有することが好きではなかったこともあって、レースでうれしかったことや悔しかったことがあっても、親には言わなかったし、親の気持ちも言われたことはありませんでした。

陸上に限らず、子供がスポーツをしていると、どうしても親御さんは「頑張れ、頑張れ」と力が入りがちです。そうすると、子供たちも肩に力が入ってしまい、だんだん楽しくなくなってきてしまう。僕は親からの過度なプレッシャーがなかったからこそ、いつも楽しく走ることができたし、走る喜びを知っているから、今でも頑張ることができているんだと思っています。

だから親御さんに対しては、子供のことは放っておいてあげてくださいと伝えたい。最近、帰国のタイミングで子供たちに向けてのランニングクリニックを行うことがあるのですが、すごく熱心な親御さんが多いんですね。もちろん大事なことかもしれないですけど、やりたいのだったらサポートしてあげるよ、という立ち位置の方が僕はいいと思っています。子供の成長速度には個人差があります。練習をすごく頑張っていても、なかなか結果が出ないこともあります。そういうとき、一番悩んでいたり、焦っているのはきっとお子さんだと思います。そこで親御さんがあれこれ口を出すと、それがさらなるプレッシャーになることも多い。お子さん自らが相談をしてきたら、アドバイスをしてもいいと思いますが、それまではおおらかな気持ちで、子供を信じて見守ってあげてほしい。

何かをしてあげたいと思う気持ちは分かりますが、前に出るのはなくて、こんなことができるんだよ、こういう道もあるよという選択肢をたくさん作ってあげて、最終的には子供たちが自分で選べるようになるのが大事ではないでしょうか。親が子供のモチベーションを上げるのではなく、子供のモチベーションに、親が合わせてあげることが必要だと思うんです。

　自分のことを振り返ってみても、親が熱心に関わってくることや、親の期待というのは僕にとって必要ではなかったし、それらを感じることがなくて良かったなとすごく思っています。

　もちろん自分の子育てについても同じ気持ちです。長女は6歳になり、色々なことに興味が出てくる年頃になりました。だから娘がやりたいと言ったことは、チャレンジさせるようにしています。もちろん陸上をやりたいと言ったら、うれしい気持ちはありますが、やりたいのだったらどうするのか、陸上をやってもいいけれどサッカーも楽しそうだよ、バレーも面白そうだよ、こんなことができるんだよという選択肢をたくさん作ってあげたい。子供は目の前のことに没頭しがちです。だから他のことにも目を向けさせながら、最終的には自分で選ばせてあげることが大事だと個人的には思っています。子供の可能性を広げてあげるのは、本来子供たちの役割ではなく、親御さんや僕ら選手、指導者の役割です。今は陸上をしていても、もっと様々なことにチャレンジできる。そんな環境を作ってほしいと思っています。

　また、小さい頃は指導者の裁量というのはものすごく大きい。子供たちは長期的な視野で物事を見ることができません。目の前の大会で勝ちたいと思って、すぐに無理をしがちです。その中で指導者は長期的な目標に対して、どのように達成のプロセスを踏めばいいのかを理解しないといけない。中学のとき、都大会の前の地区大会に出たことがありました。普通に走れれば通過できる大会だったのですが、僕はそこでいい走りをしたくて、調整をして臨もうとしたんです。ところが顧問の先生は、そこで頑張りすぎるとその先に生きないと判断して、３０００ｍの試合前に、30分長めのジョグをしてきなさいと指示してくれた。その大会だけにこだわらず、もっと長期的な目線で考えてくれていたんです。故障に対してもちょっと治ったら走りたいと言う僕に対して、完璧に痛みが引くまで待ちなさいとセーブしてくれた。結果を追い求めて焦る子供たちに対して、大人に求められるのは長期的目線で指導するということ。そのバランスが取れていることが大切で、コーチや指導者はそのために必要な存在なのですから。

「42・195km」との付き合い方。

当たり前のことですが、マラソンは42・195kmを走る競技です。この距離に対して、僕は恐れや不安を持っています。

単純に長いと思うこともありますが、今までの一戦一戦を振り返っても、僕の中では持っているものを限界まで出し切ってゴールをしたというイメージがあるからです。マラソンを走り切るだけの強さは自分にはきちんとあるのだけれど、次のレースも同じように限界まで自分の力を出し切れるだろうか……と考えると、不安を覚えるのです。誰しもが同じような不安を持っているとは思いますし、そこまでに練習を積んできたという自信はありますが、それでもやはりこの不安は消えません。

毎回、最後の5kmは少しでも気を抜くと足が攣って倒れそうになったり、フラフラしそうになったりする状態でゴールをする、という戦い方をしていました。ここでいかに自分の正気を保っていられるかというのが重要ですが、次回も同じ

ようにできるのかについては不安だし、課題になっていて、そのことついて、今は信頼を寄せるスタッフと毎日のように話をしています。

　次のＭＧＣでちゃんと勝ち切れるのか不安に思っていると彼に伝えたとき、リスペクトというのはどういうことだろう、という話になりました。そのときに印象に残っているのが「傑は長い距離を走ることにリスペクトがあるからこそ恐れるのであって、そう思っているうちは大丈夫。むしろ恐れがないときの方が怖い。距離に対しての恐れがないと、こんなもので走れるだろうと思ってしまい、痛い目に遭うことが多い」と話してくれて、それにはすごく共感をしました。

　いざ走り始めてしまえば、レースは今までの練習で積み重ねてきたことの反芻でしかなく不安を感じる余裕もありません。それを知っていてもなお、距離に対する畏怖のような思いを毎回抱いて、レースに臨んでいるのです。

おわりに

走って、悩んで、見つけたこと。

走ることで悩むこともあります。というよりも、悩みのほとんどは走ることに起因していると言ってもいいでしょう。走ることで悩んで、それをどうやって解決しているかというと、やっぱり走り続けることしかないんです。常に一人の時間を大切にして走り続けることで、それが正解かは分からないけれど、答えはいつも見つかっている気がします。

最終的にたどり着くのは誰かの意見ではなく、自分の心の声。そうやってたどり着いた答えは結局、いつも同じようなところで落ち着くのですが、どの課題においてもそのプロセスを踏まないと僕は答えにたどり着かない。簡単に答えは出ないけれど、走りながら自分自身と対話をすることで、徐々に納得のいく答えを出しています。

ただ、2019年の東京マラソンのときは心の動きはなくて、リタイアについては正直深く考えず、むしろ無意識の状態でした。もちろん、レースでは優勝を狙っていたし、ダメでもメダル圏内の勝負に絡めるところを目指していました。それが先頭集団から離れて、寒くなってきたときに、ゴールして得られるものと天秤にかけても、いますぐにやめることで得られる解放感が勝った。あのときは、とにかく寒くて、きつくて、走っていることが苦痛でしかなかった。次のことを考える余裕さえないぐらいで、これ以上我慢はできないし、ゴールすることへの無意味さが勝ったからやめたのです。

とはいえ、大会直後の休暇期間中は、自分の気持ちが全く解決できませんでした。練習を再開して、60分、90分と走る時間が増えていく中で、あれはどうだったのか、ここはどうだったのかと、ひとつひとつ自分と会話する時間が増えていき、色々なことを少しずつ解決していきました。１００％ではないかもしれないけれど、悩みに対するある程度の答えが出て、ようやく僕の中での東京マラソンが終わりました。

自宅にあるトレッドミルの前には鏡が置いてあります。このトレッドミルで走るときは、鏡に映る自分を見つめながら自分は強い、自分はタフだ、自分はチャンピオンになるんだということを声に出して自分に言い聞かせています。これを始めてから、すごく自分を肯定できるようになったし、自信がつくようになりました。

そういう重要な悩みもありますが、実はもっと単純な悩みもあります。例えば、今の長い髪をどう切ろうか。坊主頭にしたいけど、今したら変なふうに受け取られるんじゃないか。ピアスを開けたいけど、それこそ周りになんて言われるか分からないとか、そういうことまで走りながら悩んで悩んで、答えを出しています。ただ、たまに音楽を聴きながら走っていると、気持ちが上がって、ポジティブな面が出すぎてしまうことがあって(笑)。走り終わって冷静に考えてみると、やっぱり違うんじゃないか？　と考え直して、結果バランスのいいところに落ち着くこともあります。今回の坊主頭とピアスについても、走っているときは絶対に坊主にしよう！　ピアスを開けてやろう！　って思うんですが、終わってみると、でも待てよ？　とネガティブな面が出てくる。そんな状態が2～3年も続いたのですが、今回はいい機会だと思って、思い切って実行しました（笑）。

些細なことから大きな問題まで、気づけばいつも僕は結局同じプロセスを踏んでいます。そうやって走りながら見つけた答えは、今のところ僕にとっては正しいものであると信じています。

2019 June / Portland

NW Broadway
PENDLETON BUILDING

SANTA CRUZ
SANTA CRUZ
CREATURE

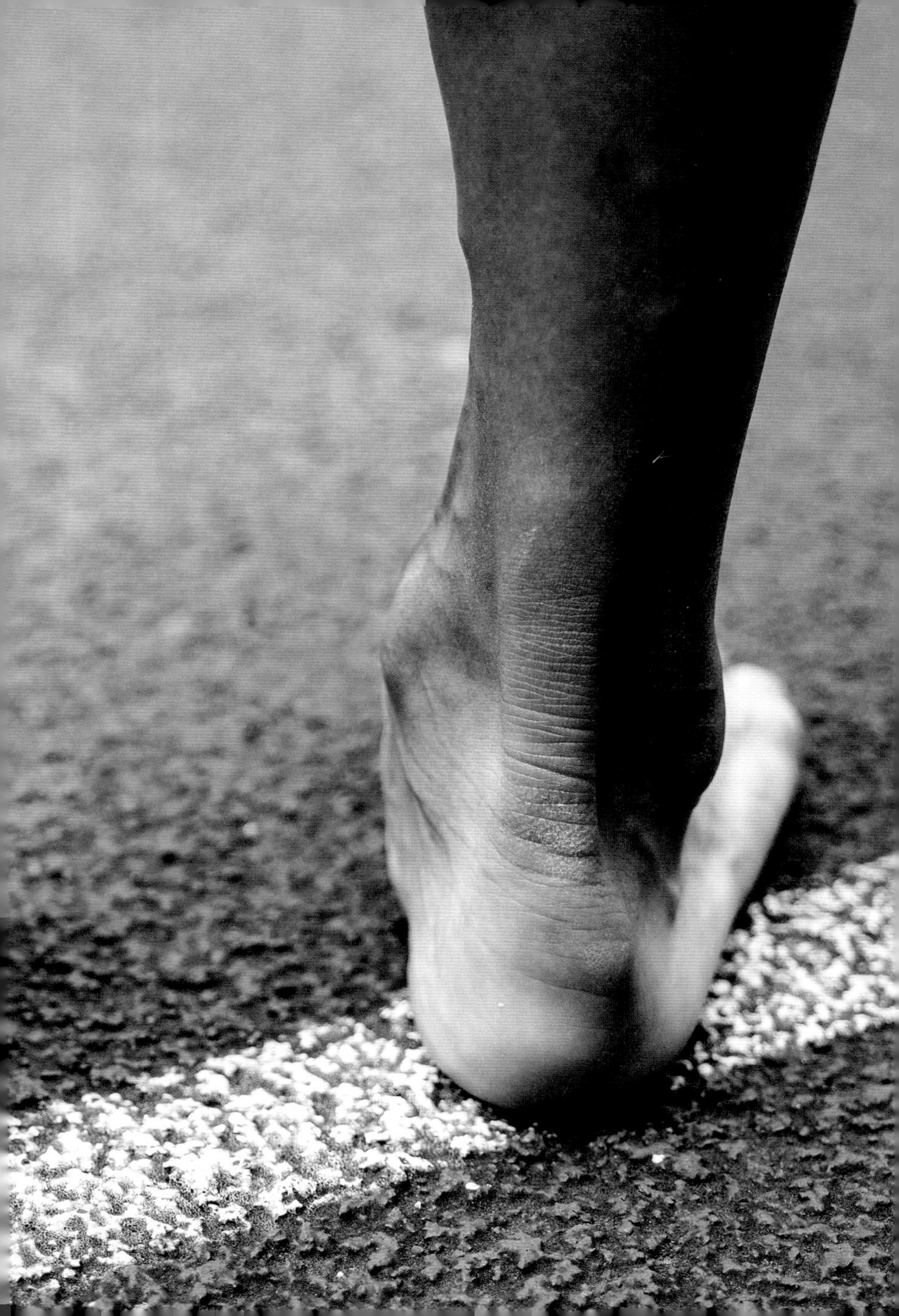

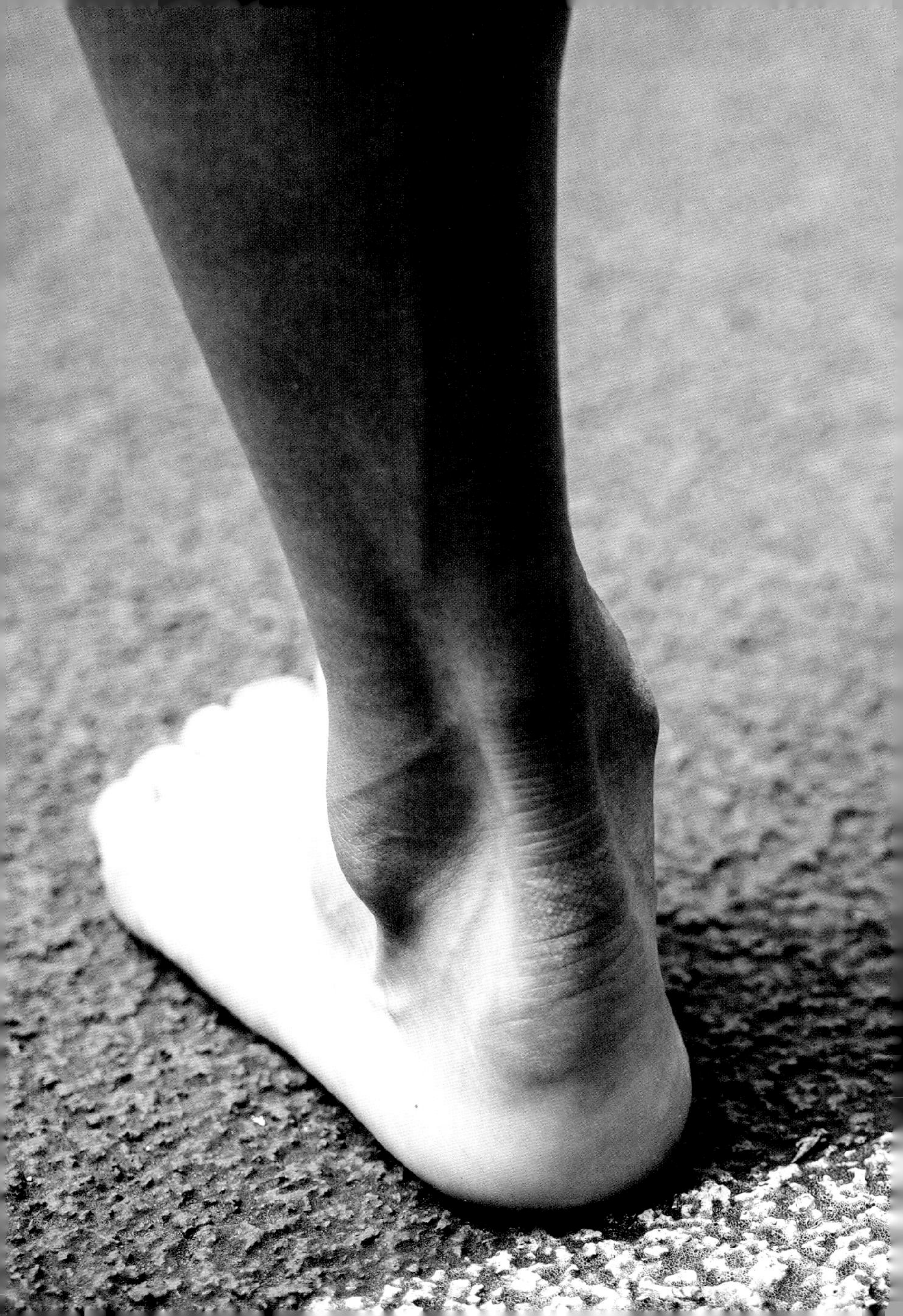

大迫傑に学ぶ
Q&A

みんなの疑問に答えます！

Q．走るのって何が楽しいのと聞かれると答えに困ります。大迫さんは楽しいですか？

今度誰かに聞かれたら「じゃあ走ってみればいいじゃん」って答えてみてください。そこで「きついし、嫌だよ」って言われたら、「じゃあ多分、分からないよ」って言えばいい（笑）。すべてを言葉にする必要はないと思いますよ。僕が楽しいと思うのは、走っているときは一人なので、良くも悪くも自分に酔えるというか、想像の中で自分の世界を作っていけるところ。あとは自分だけで作り上げていく楽しさがあります。例えばチーム競技はみんなでパズルを作っていく感じ。陸上ももちろん一人では何もできないけど、他のスポーツよりも、次のピースを選びながら少しずつ形になっていく充実感があったり、悩んでいたピースを発見して解決したときに、ああこうだったんだ！　という喜びを得ることができる気がします。そういう自分の手で作り上げていく楽しさがありますね。

Q．モチベーションを保つためにしていることはありますか？

モチベーションは保つものではなくて、日々湧いてくるものじゃないでしょうか。ひとつじゃなくて、色々なところにモチベーションを持てるようになるといいですね。みんなに注目されたいとか、練習後においしいご飯を食べたいとか、モチベーションはいくつも持っておく。単純に記録を伸ばしたいだけでもいいんですけど、それだけでは続かないと思うんです。僕もただ速くなりたいだけだったら、多分数年前にやめていたでしょう。楽しいとか、悲しいとか人間の感情ってそんなに長く維持できないじゃないですか。モチベーションも一緒で、日々色々なことに見出すものだと思っています。

Q. どうしても練習したくない日ってありませんか？

したい、したくないではなくて、必要か必要じゃないかで考えています。

Q. スランプのときは何を考えていますか？

きっとスランプの乗り越え方を知りたいんでしょうね……。うーん、まずはスランプという捉え方が正しいのか考えてみましょう。例えば自分は過度期にいるんだとか、もう少しポジティブなワードに置き換える。ピーキングもそうですけど、1回落ちないと上がっていかないところもあるんですよね。自分が大きく成長していく中で、今は沈み込んでいる時期だと捉えられれば問題ないし、特別なことをする必要はなくて、むしろ冷静に今必要な練習を考えて、淡々とこなす方がいいと思います。

Q．日本とアメリカの指導方法の違いを教えてください。

違いはありますが、ここでは話しません。今、日本の指導者は叩かれることも多いですが、僕は必ずしも日本の指導法やトレーニング方法が間違っているとは思っていません。むしろ、妥協をしたり、甘えが出る選手には駒澤大学の大八木弘明監督ぐらいパワーのある人が指導をした方がいい。自由な環境に投げ出されたときに、妥協してしまう選手は多いですし、誰もが自分自身でコントロールできるわけではないですから。

Q．弱いチームにいても強くなれますか。

しっかりと練習を積める子はどこに行っても強くなれるし、弱い子はどこに行っても弱いんです。一時期強くなっても、それは指導者がよかったからで、そこから離れたら成績も落ちるものです。先にも言ったように、大切なのは自分です。外的要因に目を向けるのではなくて、もう少し自分に目を向けるべき。自分のやる気次第で、指導者によって何かが変わるわけではないと思っています。いかに常に課題を作って、それを解決していけるかということの方が大事でしょう。外のやり方に目を向けることは大切ですけど、自分が今できることをもっと考えた方がいいのではないでしょうか。

Q．ジョグの目的や、ポイント練習で意識しているところを教えてください。

これはレベルによってまちまちで、この人がどんなレベルか分からないので、答えづらいですね……。ジョグに関しては初心者の方であれば走ることに慣れるのがひとつですね。それと、ジョグは長距離走のトレーニングの基本で、走る距離を短くすればインターバルトレーニングになるし、中ぐらいの距離にすればテンポ走にもなる。だから、速く走るときも遅く走るときも、共通の意識を持って取り組んだ方がいいですね。腕振りでもフォームでも、なんでもいいんですけど、遅くなると腕振りが変わったりするのではなくて、どんな速さでも同じように走れることが大切だと思います。ただ、レベルによっても違うので、やっぱりなんとも言えない、というのが正直なところです。

Q．呼吸法で意識していることは？

自然に吸って、自然に吐いたほうがいいと思います。僕は意識することはないです。

Q．3時間を切りたい市民ランナーがやるべき大迫流トレーニングはありますか？

もし3時間を切るための特別な方法がありますという人がいたら、それは嘘です（笑）。サブ3を目指しているなら、インターバル、距離走、ペース走の基本的な知識はあると思うんですよね。だとしたら、＋αはないので、地道に真面目に走ってください。

Q．足音が大きくて悩みです。大迫さんのようなフォームなら足音は小さくなりますか？

トップ選手でも足音が大きい人はいます。足音が小さくなったからといって速くなるとは限らないし、足音が大きいことが悪いわけではないので、無理に直さず、そのままでいいと思うのですが、ダメなんでしょうか。ただ、足音が大きいということは地面を強く叩くスピードランナーの可能性はあるかもしれないですね。もし回転の軽さを出したいということであれば、リラックスした状態で下り坂を速いペースで流すと、自然に足が前に出るイメージを摑めて、音が小さくなるかもしれません。でもフォームを見ないと難しいです。

Q．スピードアップを目的に筋トレを始めたのですが、おすすめのトレーニングは？

これも人によってフォームや筋肉のつき方が違うので、パーソナルトレーナーをつけた方がいいと思います。きちんと知識を持った人に、スケジュールとメニューを組んでもらう方がいいでしょう。

Q．フォアフット走法に必要な筋肉と、そのためのトレーニング方法を知りたいです。

そもそもなぜフォアフットにしたいんでしょうか？　フォアフットは結果であり、目的ではないですよね。人それぞれ身体は違いますし、フォアフットにしたからといって速くなるわけでもありません。自分に合ったフォームで練習するのが一番だと思います。

Q．歩くときもフォアフットですか？

逆に歩いてみてください。歩けますか？　それ、ただの変な人でしょう（笑）。

Q．トレッドミルは脚力がつかないという説もありますが、どう使い分けていますか？

雪が降ったりして、外を走れないときはトレッドミルです。数パーセントの違いはあるかもしれませんが、わずかな違いが大切になるのは、トップ中のトップの人で、市民ランナーの方はノーストレスで長く気持ちよく走れるところならどこでもいいと思います。どこであろうと走り続けることが大切で、走れるところがあるなら走ればいい。そんなに深いところまで考えなくてもいいんじゃないかと思いますが……。

Q．フルマラソンの練習でインターバルは有効ですか？

有効です。フルマラソンだからといって長い距離ばかり走ったり、短い距離ばかり走るのではなく、満遍なく走ってください。

Q. 息子3人が陸上をしていますが、自己ベストを出したあと、停滞しています。どんな練習をしたらいいですか？

これは成長期だと思います。親御さんが焦る気持ちも分かりますが、やっているのは息子さんなので、速く走ろうが、遅く走ろうが関係ないぐらいのスタンスで見守っていてあげてほしい。走らなきゃいけないとか、自分でコントロールできないことに焦ったり、親のプレッシャーがストレスになることもあると思うんです。成長期の子供たちは理由がなくても、伸びる子、停滞する子がいますから、きちんと練習を頑張っているんだったらそれでいい。これが息子さんからの質問だったら、アドバイスをしていたかもしれませんが、お子さんにやる気があって、貧血でもないなら、親御さんはじっくり待ってあげましょう。

Q. 食事制限はしていますか？

マラソン練習の場合は、制限でなく頑張って食べないといけないときがあります。あとは1食ではなく1日のトータルで栄養バランスを考えるようにしています。

Q. 腸脛靭帯炎になりますか？　克服法・予防法を教えてください。

これはもう我慢です。とにかく走りましょう。ちなみに僕は我慢して速いスピードで走ったら良くなりました（笑）。あと次の回答も参考にしてください。

Q. 痛いときは休んだ方がいいと言いますが、痛くない日の方が少なく、休んでいては練習になりません。大迫さんはどのように痛みをマネジメントしていますか？

大事なのは自分の足の状態を把握すること。痛いからとすぐに休むのではなく、どこまで走れるのか試してみる。例えば10分走って4だった痛みが2になったら継続可能だと思うんですよ。それが体が温まってきても悪化する一方なら休んだ方がいい。長距離の場合はある程度走りながら治すというのが練習を積む上では大事で、痛い＝休めば良くなるという認識は必ずしも正解ではありません。痛くて1週間休んだら、筋力が落ちて、走りがおかしくなって、違うところが痛くなるということもあります。ただ痛いところをかばって走るようだと、それもまた走りが崩れてしまうんですが。痛くない日の方が少ないというのは、ランナーであればよくあることなので、自分のさじ加減や見極めが大事ですね。

Q. どのくらい休養日を取っていますか？

マラソンが終わってすぐのブレイクのときに少しあるぐらいで基本的にはないです。距離や負荷の大小はありますが、毎日走っています。余談ですが、普段からどのくらい休んでますか、って聞かれることが多いんですけど、これを聞いてどうするのかなと思うんです。自分がこれぐらい休んでいいんだよねって納得したい、休んでいいんだと認めてほしいために質問する人が多いような気がするんですが、それって生産性がないですよね。速くなりたいなら、最初から休むことを考えるべきではないと思います。

Q. おすすめのケア方法を教えてください。

お風呂に浸かるのはすごくいいですね。２０１８年の7月に長野で合宿をしたときは、結構温泉に入る機会があったんですけど、リラックスできるし、リカバリーも早かった気がします。あとはストレッチ。僕は股関節周りを念入りにしますが、人によって酷使する場所は違うので、自分に合ったストレッチをすればいいと思います。

Q. レース前日は何をしますか?

普段と変わらないようにするということです。ジョグとかも少しして、という感じです。

Q. レース当日は、スタート何時間前にどんな食事を摂りますか?

スタートの4時間から5時間前に、カステラやベーグル、バナナなどを軽めに食べます。前日はいつもより炭水化物を多めに摂りますが、そんなに神経質に気にしていないですね。

Q. レース前のウォーミングアップのメソッドとマインドセットの仕方を教えてください。

ウォーミングアップは体が温まればいいと思います。入念にしたからといって結果が変わるわけではないし、42・195kmもありますから、一生懸命やりすぎても、本番前に疲れてしまいます。マインドセットは気にしたことがないから分かりません。レース直前にどうこう、というより、その日のための練習に意識をおいた方がいいと思います。マラソンは特にスタートしてから気持ちを高めていけばいいんじゃないでしょうか。

Q. 長距離における集中とは?

他の競技における集中と一緒ですよ、多分。ただ、試合だけ集中すればいいと思っているとしたらそれは違いますよ。練習でもちゃんと集中してくださいね。

Q. レース中にキャップをかぶっているのはなぜですか?

大きな理由はありません。陽射しが強いとか、雨が降っているとか、そういう理由です。逆にサングラスは僕にとっては邪魔なのでかけないですね。

Q. 練習の走りを試合で出すことができません。大迫さんが心がけていることは?

パッと思いついたのは練習不足じゃないかということ。やっぱり練習から来る自信を積み上げていかないと、試合での自信は生まれないし、その自信ってすごく大きいものなんです。練習を頑張れれば、その自信がレースでの後押しになります。例えば、1本レースペースで走れてもあまり意味はないかなと思います。走りのレベルが分からないので、適当なことは言えませんが、自分に自信がつくまで練習を頑張るしかありません。

Q．もう無理！って思うレースの終盤、どうやって粘りの走りをしますか？

これは簡単で、もう無理！って思わない。当たり前のことしか言ってないですね（笑）。無理と思ったらそれは自分が諦めているということですよね。そういうレースがなかったと言ったら嘘になりますけど、常にポジティブに捉えるようにはしています。無理というのはネガティブなワードじゃないですか。それをポジティブなワードに置き換える。例えば僕なら、どうやって残りのキロ数を走り切るかとか、これぐらいのきつさだったら練習でもあったなとか、なるべく自分ができることをイメージするようにしています。

Q．走るときは何をイメージしたらいいですか？　タイムを気にすると体力が持たないことが多いのですが。

人それぞれ違うと思いますが、タイムを気にしすぎて力んでいるなら、違うところに集中した方がいいです。走るリズムだったり、リラックスすることに集中したり、どういうものが自分に当てはまるのかを探して、それを練習の中でも繰り返すといいと思います。

Q. 大迫さんが選択のときに優先するものはなんですか?

うーん、選択って色々あるから、この人が何を求めているのか分からないんですが、例えば、やるかやらないかということなら、できない理由を考えるよりもやるべき理由を探した方がうまくいくのかなと思います。

Q. たまたま勝つよりも、どのやり方が勝利につながるか確実に分かった状態で試合に挑みたいです。そのために何を選択すべきか考えていますが答えが出ません。

僕の選択だって、すべてベストだったわけではありません。確実に勝利が分かる状態で試合に出たことなんかありませんよ。そんな近道はないです。地道に妥協のない日々を重ねていくしかありません。そこに妥協がなければ次につながると僕は思っています。

大迫傑（おおさこ・すぐる）
陸上長距離種目選手。1991年、東京都町田市出身。町田市立金井中学校時代に陸上を本格的に始め、3年生のとき、3000ｍで東京都中学校最高記録を出した。佐久長聖高校に進み、2年生のときの全国高校駅伝ではアンカーとして区間賞を獲得する活躍で、優勝に貢献した。早稲田大学時代には、4度箱根駅伝に出場し、2011、12年には区間賞を獲得した。13年のカーディナル招待では、日本人学生の1万ｍの記録を更新した。大学卒業後は、日清食品グループと契約し、15年にはナイキ・オレゴン・プロジェクトに所属を移した。16年、日本陸上選手権大会の5000ｍと1万ｍで優勝。17年4月、ボストンマラソンでは2時間10分28秒で3位、12月の福岡国際マラソンでは2時間7分19秒で3位となった。18年10月のシカゴマラソンでは、2時間5分50秒の日本新記録を出し3位となった。

本書は書き下ろしですが、177頁から191頁までの「大迫傑に学ぶQ&A」は、「ナンバーDo」2019 vol.34に掲載されたものに大幅な加筆修正を施したものです。

協力　株式会社アミューズ

走《はし》って、悩《なや》んで、見《み》つけたこと。

2019年8月30日　第1刷
2019年9月15日　第2刷

著　者　大《おお》　迫《さこ》　傑《すぐる》
発行者　鳥　山　靖
発行所　株式会社　文　藝　春　秋
〒102-8008 東京都千代田区紀尾井町3-23
電話　03(3265)1211

印刷／製本／光邦

定価はカバーに表示してあります

ISBN978-4-16-391084-0